監修 加藤 翼
アゼリーグループ社会福祉法人江寿会

お年寄りと
コミュニケーションが深まる！
楽しく盛り上がる レクリエーション 100

ナツメ社

本書の特長と使い方

　本書は、高齢者が介護施設などで行う"レクリエーション"を100種類まとめた1冊です。「**スポーツレク**」「**脳トレレク**」「**音楽レク**」「**手芸＆料理レク**」とさまざまなジャンルに分類して紹介しています。また冒頭では、スタッフがレクリエーションを進めるにあたり、心がけておくこと（目的・構成・注意点・マナーなど）をくわしく解説しているので、レクリエーションを行う前に確認しておきましょう。

人数
レクリエーションを行う際の目安の人数を示しています。集まる人数に合わせて、レクリエーションの内容をアレンジしてみましょう。

時間
レクリエーションを行う時間の目安を示しています。参加者の状態等に合わせながら、時間を調整してもよいでしょう。

効果
レクリエーションを行うことで、どの機能に効果があるのかを示しています。バランスよく行うことで全体により効果的になります。

進め方
レクリエーションの流れをくわしく説明しています。参加者が理解できるように、ルールをしっかり伝えましょう。

アレンジ
基本のレクリエーションに変化を加えた内容です。アレンジを行うとバリエーションが増え、参加者が飽きずに参加してくれるでしょう。

注意！
レクの最中に注意すべき点を解説しています。転倒予防や参加者の状態など、常にスタッフは周りに目を配っておきましょう。

参加者がレクリエーションを行うことで得られる効果を説明しています。

参加者にもり上がってもらうための声かけの例です。楽しい雰囲気でレクリエーションができるよう、スタッフは積極的に声かけをおこないましょう。

配置やレクリエーションに必要な道具やものを説明しています。身近なものでできるレクリエーションも多数掲載しています。

レクリエーションがより円滑に進むためのポイントを説明しています。スタッフはレクリエーションを行う前に確認しておきましょう。

レクリエーションの人数や準備の手間、ジャンルがすぐにわかるように、レクごとに記載しています。スタッフはレクを選ぶときに参考にしましょう。

3

目　次

本書の特長と使い方 ………………………………………………… 2

第1章　レクリエーションを始める前に

- レクリエーションの意義・目的 ……………………………… 8
- レクリエーションの組み立て方 ……………………………… 9
- レクリエーションの注意点 …………………………………… 10
- レクリエーションを成功させるために …………………… 11
- スタッフのマナー ……………………………………………… 12

第2章　スポーツレク（体を動かすレクリエーション）

少人数向け

- 01 風船バレー ……………………………………… 14
- 02 風船テニス `アレンジ` ……………………… 16
- 03 風船卓球 `アレンジ` ………………………… 16
- 04 風船野球 `アレンジ` ………………………… 17
- 05 テーブル玉落としゲーム ……………… 18
- 06 コロコロ卓球 …………………………………… 20
- 07 うちわでヒラヒラリ ……………………… 22
- 08 ペットボトルボウリング ……………… 24
- 09 床上点取りボール転がし ……………… 26
- 10 紙コップ DE 的当て ……………………… 28
- 11 ポンポンお手玉ダーツ ………………… 30
- 12 紙コップスナイパー ……………………… 32
- 13 ホールインワンゲーム ………………… 34
- 14 魚釣りゲーム …………………………………… 36
- 15 凸凹ゴルフ ………………………………………… 38
- 16 コインタワーゲーム ……………………… 40
- 17 コインつかみどりゲーム ……………… 42
- 18 ピンポンつかみどりゲーム
  　　`アレンジ` ……………………………………… 43
- 19 100グラムを目指せ!! ………………… 44
- 20 豆つかみゲーム ………………………………… 46

21 スプーン DE ポイ	48	37 巨大福笑い	76
22 水中から救い出せ!!	50	38 のせちゃえ盛っちゃえゲーム	78
23 どこまでも続くよ 新聞紙ゲーム	52	39 グラグラ傘バトルゲーム	80
24 新聞破りゲーム	54	40 ボッチャ	82
25 新聞 DE キャッチボール	56	41 爆弾ゲーム	84
26 しりとりボール投げ	58	42 色合わせ玉入れ	85
27 リアクションじゃんけん	60	43 風船を逃がせ!	86
28 ドンドン太鼓相撲	61	44 悪代官ゲーム	87

中人数向け

大人数向け

31 ドキドキ! キャップを落とせ!!	64

29 リズム肩たたき	62	45 鬼退治ゲーム	88
30 紙飛行機飛ばしゲーム	63	46 割り箸ジャラジャラポン!	90
		47 洗濯バサミリレー	92
		48 輪送りゲーム	94
32 フーフードミノ倒し	66	49 バトンリレー	96
33 ワキワキ攻防戦	68	50 一反木綿ゲーム	98
34 タオルキャッチゲーム	70	51 椅子サッカー	100
35 人間輪投げ	72	52 大玉送り	102
36 花咲かせゲーム	74	53 ピンポン玉送り	104

第3章 脳トレレク（頭を使うレクリエーション）

思考系

54 食材選び出しゲーム	106	58 拡大カルタ取り	114
55 買い物推理ゲーム	108	59 色カルタ取り	116
56 具材を賭けて ジャンケンポン!	110	60 数字取りゲーム	118
		61 数字揃えゲーム	120
		62 クイズ私は誰でしょう?	122
57 後出しじゃんけんゲーム	112	63 ジェスチャーゲーム	124

64 箱の中身はなんでしょう？ … 126
65 何が落ちたかゲーム ……… 128
66 ドンパンゲーム ………… 130
67 早口言葉当てゲーム ……… 132
68 ことわざ当てゲーム ……… 134
69 レッツきき鼻クイズ ……… 136
70 コップ DE 宝探し ……… 138
71 両手 DE お絵描き ……… 140
72 風船 DE 文字当てゲーム … 142
73 石取りゲーム ………… 144
74 ワキワキパズル ………… 145
75 かぶっちゃだめよゲーム … 146
76 チラシ DE パズル ……… 147

記憶系

77 絵しりとりゲーム ……… 148
78 ビックロスワード ……… 150
79 記憶力体操 …………… 152
80 あの頃わたしは………… 154
81 連想漢字クイズ ………… 156
82 漢字部首クイズ ………… 158
83 難読漢字読み当てゲーム … 160
84 万国旗クイズ …………… 162
85 名産地当てクイズ ……… 164
86 都道府県１番当てクイズ … 166
87 ハイ＆ローゲーム ……… 168
88 時代発見ゲーム ………… 169
89 みんなでつくろう日本地図！… 170

第4章
音楽レク（音楽を使うレクリエーション）

90 イントロ DE 曲当てクイズ … 172
91 ゴムチューブ体操………… 174
92 もしカメ体操 …………… 176
93 あんたがたどこさ体操……… 178
94 数え歌体操…………… 180
95 歌合戦体操…………… 182

第5章
手芸＆料理レク（ものづくりレクリエーション）

96 ポケットティッシュケース … 184
97 壁掛け（お月見）………… 186
98 ちぎり絵（羽子板）………… 187
99 簡単ちらし寿司 ………… 188
100 くず饅頭 ……………… 189
● 年中行事と季節の料理 …… 190
● 都道府県の郷土料理 …… 191

第 1 章

レクリエーションを始める前に

高齢者がレクリエーションを行うことで、身体機能の維持向上はもちろん、脳の活性化、充実感を得るなど、さまざまな効果が生まれます。ここでは、スタッフがより効果的なレクリエーションを進められるように、構成・注意点・準備・マナーなどを説明します。

レクリエーションの意義・目的

　高齢者が行うレクリエーションには、①身体機能・ADL（日常動作）の維持向上、②脳の活性化と認知症予防、③他者との交流などによるQOL（生活の質）の向上、④充実感や満足感増大の4つの目的があります。

❶ 楽しみながら体を動かすことにより、身体機能の維持や向上を図る

　高齢者は体を動かす機会が少なく、筋力が低下してしまいがちです。また運動への意欲も低下し、活動量が減ることで「廃用症候群」に陥る危険もあります。

　レクリエーションでは、ゲーム感覚で楽しみながら身体を動かしてもらい、身体機能やADL（日常動作）の維持向上を目指します。

❷ 頭や手先を使うことによって脳が活性化する

　本書では、「考える」「思い出す」など頭を使ったり、手先を動かしたりするレクリエーションを紹介しています。これらによって脳が活性化し、認知症の予防や症状の軽減につながります。

❸ 生きがいづくりや他者との交流などによってQOL（生活の質）の向上を図る

　レクリエーションを通じて他者とのコミュニケーションを図り、その中で役割を見出すことにより、自己の存在価値を高めることができます。また、他者との交流により社会的孤立感の軽減が図れます。これらが高齢者の生きがい、QOLの向上へとつながっていきます。

❹ 高齢者の充実感や満足感につながる

　レクリエーションに参加することにより、やれないと思っていたことができるようになったり、作品を最後まで完成させるなど、高齢者が充実感や満足感を得ることができます。

レクリエーションの組み立て方

　レク担当者は、以下のようなポイントに気をつけてレクリエーションを組み立てましょう。高齢者に無理をさせることなく、楽しんでもらえるよう配慮します。

Point1　人数に配慮する

- 点数を競い合うゲームなど、人数の増減に対応できるレクリエーションを選びましょう。
- テーブルごとで実施するレクリエーション（手工芸や料理レクなど）は1グループ5〜6名程度にとどめましょう。

　※グループの人数が多すぎると、見守りが行き届かなくなる危険があります。

Point2　能力に見合ったレクを選ぶ

- 参加する方の身体機能など能力に合わせたレクリエーションを検討しましょう。

　※能力に合っていないと、退屈させたり、喪失感を感じさせてしまいます。それぞれの能力をしっかり把握し、難易度を調整しましょう。

- 片麻痺の方や、車いすの方などでも参加できるレクリエーションを選びましょう。
- 文字や絵、色合いなどは見やすくはっきり示しましょう。

　※視力低下している方でも見えやすいよう、文字や絵は大きくはっきりと書きます。また手工芸に使う材料の色合いも白地に白の糸を使うなど、見えにくいものはさけましょう。

Point3　レクにかける時間に配慮する

- 1種目10〜20分程で終わるものを考えましょう。

　※レクリエーションは長すぎると疲労、集中力の低下を招きます。時間がかかる手工芸などの場合は、2日に分けたり、間に休憩を入れるなど、疲れさせない工夫をしましょう。

Point4　参加者のバランスを考える

- 要介護度や身体機能レベルにおいて、同じレベルの方が偏らないよう配慮しましょう。

　※グループ分けをする際、片麻痺や認知症の方が集まりすぎないよう、バランスよく配置します。また参加者同士の関係にも配慮し、楽しめる配置を検討しましょう。

Point5　意欲の湧くテーマ、楽しい雰囲気の演出

- 手工芸や作品づくりのテーマは、つくったあとに使える、贈り物にできるなど、完成した時に喜ばれるものを選びましょう。
- 声かけなどで楽しい雰囲気をつくり、参加していない方も「次回参加したい」と感じられるようなレクにしましょう。

レクリエーションの注意点

　レクの開始前、途中、レク後など、それぞれのタイミングで適切な声かけをすることにより、参加者の意欲が向上し、レクリエーションの効果が高まります。

開始前

❶ 意欲を高めるために、レクの効果を伝えましょう。

❷ 高齢者の個性に合わせて声かけを工夫しましょう。

　例：「もう歳だから」「やったことないから」

　　　→ 「お手伝いしますからやってみましょう」「初めての方が多いので大丈夫ですよ」

　例：「面白くなさそう」「子供じゃないんだから」

　　　→ 「○○さんが参加してくださったら嬉しいです」「一緒にお願いします」

❸ 遠慮してしまう人もいるので、誘いの声かけは2回行いましょう。

❹ 急激に運動すると危険です。準備運動は十分に行いましょう。

❺ スムーズに進行できるよう、事前の準備や確認を入念に行いましょう。

❻ 気の合う人同士をグループにする、能力や機能を見てバランスよく組み合わせるなど、意欲が高まる配置を考えます。

レク中

❶ やる気が出るような声かけをしましょう。またスタッフも率先して楽しみ、頑張る姿勢をみせましょう（声かけ例は本書でも紹介しています）。

　例：「○○さん、上手ですね」「○○さん、物知りですね」（名前を呼ぶのがポイントとなる）

❷ 椅子からのずり落ち、転倒などの危険があるため、見守り位置について目を配ります。

❸ 開始時間と終わり時間をはっきりさせておくと、レクに集中しやすくなります。

　例：「はい、今からスタートです！」「勝負は○○分です」「終了です！」

❹ 表情を見て、疲れていないか、退屈していないかなど確認しましょう。適宜休憩を入れたり、他のレクに変更するなど臨機応変に対応します。

❺ 認知症の方には手順を一つ一つわかりやすく伝え、なるべく自分でやってもらいましょう。自分でやったという達成感を感じてもらうことが大切です。

終了後

❶ 夢中になっていると痛みや疲れなどが感じにくく、無理をする方もいます。レク後も表情を観察したり、体調確認の声かけをしましょう。

❷ 実施したレクリエーションの感想を聞き、次回のレクに活用できるようにします。

❸ レク後にすぐに移動すると転倒などの危険があります。一呼吸おきましょう。

レクリエーションを成功させるために

　レクリエーションの目的を達成できるかどうかは、物品の用意からスタッフ間の協力、参加者への告知まで、事前の準備にかかっています。

【物品の準備・片づけ】
- 用品、用具やその材料については、安価で入手する方法をスタッフ間で情報交換しましょう。
- できるだけ手づくりで作成し、可能であれば参加者にも手伝ってもらいましょう。
- レクに使った物品は種類別に分類、整理して保管します。やむなく捨てる場合は次回も参考にできるように写真にとっておきます。

【スタッフ同士の協力】

- 年間の行事を大まかに決め、スタッフの得意分野を考慮して担当を決めておきます。
- レクリエーションに関する情報は、図書館、インターネット、子どもや孫の行事など、さまざまな情報源をチェックして、スタッフ間で共有しておきましょう。利用者の希望を知るために、利用者同士の会話に耳を傾けることも重要です。
- 申し送り（ミーティング）の時などに準備の進捗状況を確認し合いましょう。

【利用者への宣伝告知・呼びかけ】
- レクの予定は月間行事予定表やポスターなどで事前に宣伝しておきます。
- 飾りつけ用の紙細工や材料の裁断など、レクリエーションやイベントの準備は利用者にも手伝ってもらいましょう。
- 手工芸などは、制作物の見本を見せて参加を呼びかけると、興味を持ってもらいやすくなります。

【参加してもらうためには】

- レクリエーションの注意点＜開始前＞の①～③を実践しましょう。
- 講師やキャプテン、道具の配布役など、役割を割り当てて参加してもらうのも一つの方法です。責任を受け持つことで、参加意識ややりがいを感じてもらえます。
- スポーツレクなどは以前やって盛り上がったもの、評判がよかったものを取り入れましょう。

スタッフのマナー

<服装>

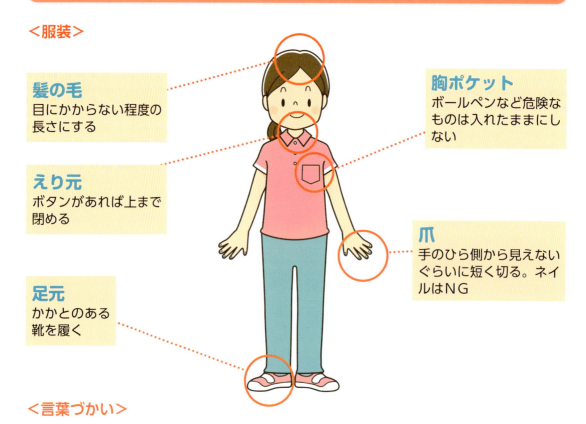

髪の毛
目にかからない程度の長さにする

えり元
ボタンがあれば上まで閉める

足元
かかとのある靴を履く

胸ポケット
ボールペンなど危険なものは入れたままにしない

爪
手のひら側から見えないぐらいに短く切る。ネイルはNG

<言葉づかい>
- ていねいな言葉で、不快感を与えないように声かけを行いましょう。その際はハッキリと大きな声を出すことを心がけしましょう。
  例：「○○さん、～ですか？」「○○さんもぜひ参加してください」

<トラブル時>
- ルールに対して苦情などが出た場合はルールを変更するなど、柔軟に対応しましょう。
- 勝敗について異議があった場合、司会が公平に審判します。場合によってはやり直しにしてもOKです。
- 利用者同士がもめてしまったら、場合によってはチーム変更や席替えを行います。
- スタッフ同士で連携して対処しましょう。

<スタッフの心構え>
- レクリエーションの主体は利用者の方です。それぞれが楽しめているか、困っていることがないか、よく観察しながら進行しましょう。
- スタッフの気分は利用者にも影響します。スタッフも心からレクを楽しみましょう。また、利用者が楽しめていることを一緒に喜ぶことが大切です。

第2章

スポーツレク
（体を動かすレクリエーション）

高齢者は体を動かす機会が減っていき、筋力の低下とともに運動への意欲が衰えていきがちです。そこで、ここでは体を動かしながらゲーム感覚で楽しめるレクを多く紹介します。少人数からチームで行えられるものまで、バリエーションが豊富です。

スポーツレク❶

| 人数：1チーム2〜3人×2チーム | 時間：1セット10分 | 効果：腕の運動、交流 |

01 風船バレー

風船で行うバレーボールです。腕や肩の運動になるのはもちろん、勝ち負けがかかわるレクなので、意欲を沸き立たせ脳を刺激する効果があります。

レクの前に

- 参加者を同数ずつ2チームに分け、1.5メートルほどの間隔をあけて向かい合わせにした椅子に座ってもらいます。
- 椅子と椅子の中央に、座った参加者の肩ぐらいの高さにネットを張ります。

準備するもの
- 風船
- ネット
- ホワイトボード

進め方

1 じゃんけんをして先攻と後攻を決め、先攻チームから、相手の陣地に風船を投げます。

▶ネットの高さは適宜調整しましょう。

② 自分の陣地に風船が来たら、打ち返します。
自分の陣地内なら、何度風船に触ってもかまいません。

③ 打ち返せず、風船が落ちてしまったら相手チームに得点が入ります。
10分の時間制限で、得点の多いチームが勝ちになります。

注意！

立ち上がると危ないので、始める前に「立ち上がらないでください」などとアナウンスしておきます。それでも、ゲームに夢中になると立ち上がることがあるので、スタッフは椅子の後ろで見守り、足元が危なそうな参加者がいたらサポートしましょう。

ポイント
風船が相手の陣地まで届かないときは、スタッフがフォローしましょう。

「私も参加させてもらいますね」
参加者が打った風船が相手の陣地に届きにくいときは、スタッフがサポートしてあげましょう。

第2章 スポーツレク　01 風船バレー

少人数向け　準備 少

アレンジ

人数：1対1×3組まで　時間：1セット10分　効果：腕の運動、交流

02 風船テニス

風船で行うテニスです。うちわを使うので、風船を打つとき、より手首の力を使い、スナップをきかせる必要があります。手や腕の運動の強度が上がります。

少人数向け
準備少

進め方

「風船バレー」と進め方は同じです。うちわをテニスのラケットのかわりにして、風船を打ち返します。

準備するもの
- 風船
- うちわ
- ネット
- ホワイトボード

アレンジ

人数：1対1×3組まで　時間：1セット10分　効果：腕の運動、交流

03 風船卓球

卓球のラケットで風船を打ち合います。卓球のラケットは面積が小さいので、より風船に当てづらくなります。手を自分の思いどおりに動かす感覚が養われます。

少人数向け
準備少

進め方

「風船バレー」と進め方は同じです。卓球ラケットを手に取り、風船を打ち返します。

準備するもの
- 風船
- ネット
- 卓球ラケット
- ホワイトボード

| 人数：1対1×3組まで | 時間：1セット10分 | 効果：腕の運動、交流、脳への刺激 |

04 風船野球

野球のバットで風船を打ち合います。バットに風船を当てるのが難しいため、より脳への刺激となり、手や腕の感覚も養われます。

進め方

「風船バレー」と進め方は同じです。プラスチックのバットを用いて、できるだけ長く風船を打ち合います。

準備するもの
- 風船
- バット
- ネット
- ホワイトボード

▶バットに風船がうまく当たらないときは、スタッフがフォローしてもう一度打ってもらいましょう。

注意！

手がすべってバットが遠くに飛んでしまうことがあります。ほかの参加者に当たらないよう、目を配っておきましょう。

コミュニケーションUPの声かけ

「まだ○○さんの番ですよ」

バットでうまく打てなかったら、風船を拾ってもう一度打ってもらいましょう。

第2章 スポーツレク
02 風船テニス／03 風船卓球／04 風船野球

少人数向け
準備 少

17

スポーツレク❷

05 テーブル玉落としゲーム

人数：1対1×3組まで　時間：1セット5分　効果：腕の運動、反射神経

テーブルテニスのように、玉を相手の陣地に入れます。入れられたほうは、玉を弾き返して応戦します。タイミングよく弾き返すために、反射神経が鍛えられます。

レクの前に

- テーブルの両サイドに本などを重ねて壁をつくり、両端から真ん中の位置にビニールテープなどで線をひいておきます。
- テーブルの両端に、卓球のラケットを持った状態で座ってもらいましょう。
- 参加者の前に同数ずつ玉を並べておきます。

準備するもの
- ビー玉のような弾みにくい玉10個ぐらい
- 卓球ラケット　・厚みのある本
- 記録用のホワイトボードなど

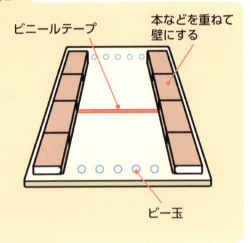

ビニールテープ／本などを重ねて壁にする／ビー玉

進め方

1 スタッフの合図で、両者に玉を打ってもらいます。

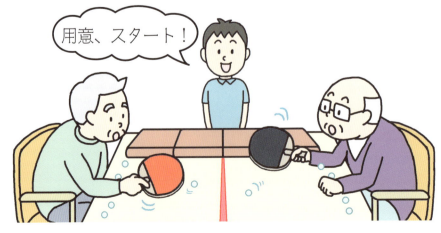

「用意、スタート！」

② 自分の陣地に入ってきた玉は、相手に打ち返します。
玉を返せず、床に落としたらマイナス1点となります。

③ 5分の制限時間が来たら「終了です！」と声をかけ、
それぞれの陣地に残っている玉を数えましょう。
相手の陣地に入れた玉の数が得点になります。
落とした玉のマイナス点も忘れず計算し、点数が多い方が勝ちです。

▶相手の陣地に入れた玉の数が得点です。

注意！

対戦相手を決める際は、腕の力が同等ぐらいの人を選びます。力が弱い人同士の場合はテーブルを小さめにするなど、調整しましょう。

ポイント
落ちた玉は転倒の原因になります。スタッフは落ちた玉を拾っておきましょう。

コミュニケーションUPの声かけ

「あと10秒です！」
終了時間が近づいてきたら秒読みで知らせてあげます。残りの時間でせいいっぱい玉を弾いてもらいましょう。

スポーツレク ③

| 人数：2〜4人 | 時間：1セット 10分 | 効果：反射力、注意力、手首・腕の運動 |

06 コロコロ卓球

弾みやすいピンポン玉を、そっと転がしながら打ち合うゲームです。反射神経はもちろん、常に周囲に気を配っておくための注意力が必要です。

レクの前に

- 正方形のテーブルの両端（4人の場合は各方向）に座ってもらい、ビニールテープでそれぞれの陣地を記しておきます。陣地は参加者の周囲30cmぐらいが目安です。
- じゃんけんなどで打順を決めておきましょう。

【参加者（4人の場合）】

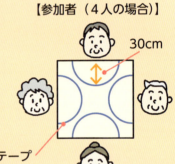

準備するもの
- 卓球ラケット
- ピンポン玉
- ビニールテープ
- ホワイトボード

進め方

1 スタッフの合図で、1番目の人からピンポン玉を転がします。玉が陣地に入ってきた人は打ち返します。

「用意はいいですか？では、スタート！」

▶相手の陣地に入るようにピンポン玉を転がします。

20

2 空振りをしたり、自分の陣地で玉を床に落としたら1点マイナス。打った人のボールになります。

▶相手の陣地内で落ちたら、打った人の勝ち。次にボールを打つ権利があります。

3 10分の時間制限勝負で、マイナス点が少ない人が勝ちです。

ポイント
誰が何点マイナスになったか、ホワイトボードなどに記入しておきましょう。

コミュニケーションUPの声かけ
「どんどん転がしてください！」
玉をすばやく打ち返すことで、ゲームにスピード感が出て盛り上がります。

第2章 スポーツレク　06 コロコロ卓球

少人数向け　準備 少

スポーツレク④

07 うちわでヒラヒラリ

人数：1対1×3組まで
時間：1セット2分
効果：手首・腕の運動

うちわをすばやく動かすことで、手首の運動になります。勝負事なので、意欲もわいて、脳の活性化にも効果的です。

レクの前に

- テーブルの両端に椅子を配置し、真ん中にビニールテープで線を引きます。
- テーブルの上にまんべんなく新聞紙を散らしておきます。

準備するもの
- 新聞紙を2〜3cm角に細かくちぎったもの
- うちわ　・ビニールテープ
- ホワイトボード

進め方

1 位置につき、それぞれうちわを構えます。
スタッフの合図でうちわをあおぎ、細かくちぎった新聞紙をできるだけ相手のほうに送ります。

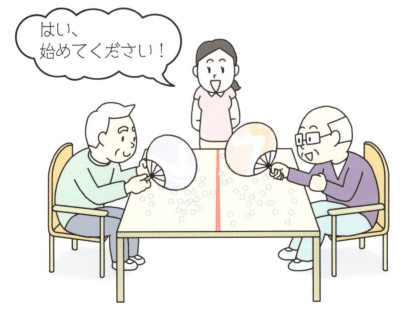

「はい、始めてください！」

2 2分経ったら終了します。
自分の陣地に残った新聞紙を数えて記録しておきます。

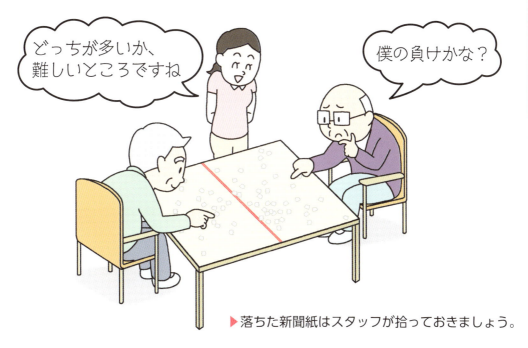

▶落ちた新聞紙はスタッフが拾っておきましょう。

3 3セット程度行ったら終わります。
より多く相手の陣地に新聞紙を送ったほうが勝ちです。

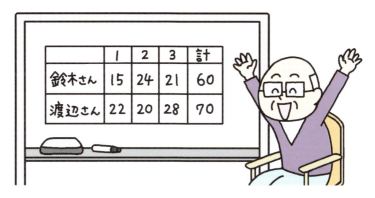

ポイント
新聞紙を大きくちぎると動きにくくなります。小さくちぎっておきましょう。

コミュニケーションUPの声かけ
「もっとあおいでください」
負けそうなほうには声援を送り、よりがんばってもらいましょう。

スポーツレク ⑤

08 ペットボトルボウリング

人数：1チーム1〜4人 ×2チーム
時間：1セット30分
効果：腕の運動、交流、脳の活性化、計算

通常のボウリングと同様、ピンがいくつ倒れるかで勝敗が決まります。ゲーム参加者だけでなく観戦している人も楽しめ、交流が深まります。

レクの前に

- 同数ずつ2チームに分かれ、さらにチームのなかでボールを転がす順番を決めておきます。
- ペットボトルをボウリングのピンに見立てて三角形に並べ、そこから3mほどのところをボールを転がす位置に決めて、椅子を配置します。
- 観戦者が座る椅子はボウリングのコースの周りに並べます。

準備するもの
- ペットボトル（500ml）6本
- ゴムボール（片手でつかめる大きさ）
- 記録用のホワイトボードなど
- 椅子（人数分）

進め方

1 チームの代表者がじゃんけんをして、先攻と後攻を決め、先攻チームの1番目の人がボールを転がします。

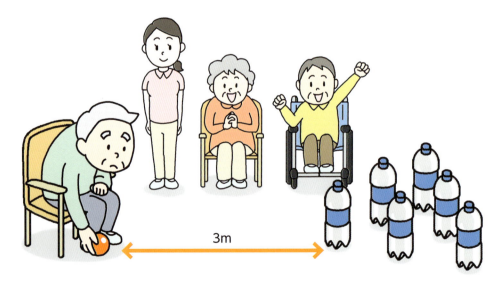

3m

❷ ピンの倒れた数を得点とします。1人2回ずつ転がし、合計点を記録しておきます。

❸ 次に後攻チームの1番目の人がボールを転がします。同様に、合計点を記録します。すべての人が終わったら、総得点を計算しましょう。得点の多いチームが勝ちです

▶合計点は参加者に計算してもらいましょう。

注意！

ボールを投げようとする人もいます。腕を傷めたり、椅子から落ちたりする原因になりますので、動作を見守って、危なそうなときは「静かに転がしてくださいね」などと声かけしましょう。

ポイント
ボールが届かない場合は、転がす位置をペットボトルに近づけるよう調整しましょう。

コミュニケーションUPの声かけ
「1歩前に出てみましょうか」

ボールをピンのところまで転がすのが難しい人には、転がす位置を少しピンのほうに近づけてあげます。

スポーツレク❻

09 床上点取りボール転がし

人数：1チーム1〜4人×2チーム
時間：1セット20分
効果：腕の運動、交流、脳の活性化、計算

ボールを転がして穴に入れます。得点の高い穴に入るか、低い穴に入るか…、参加者全員で盛り上がり、交流が深まります。

レクの前に

- 点数台を置き、そこから3mほどのところをボールを転がす位置に決めて、椅子を配置します。
- 観戦者の椅子はボールの通るコースの周りに並べます。
- 人数が多い場合はチーム分けをし、チームのなかで転がす順番を決めておきます。

準備するもの
- 段ボール製の点数台
- ゴムボール（片手でつかめる大きさ）
- 点数を記録するホワイトボードなど

点数台の準備

穴を9個あける（ボールが入る大きさ）

点数を書いておく

進め方

1 ゲームを始める前に、何度かボールを穴に入れる練習をします。この段階ではまだ得点をカウントしません。

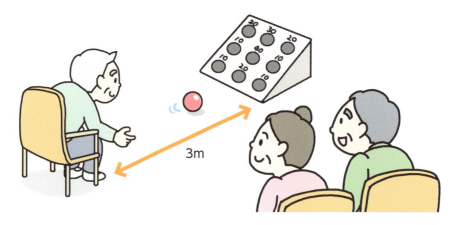

3m

2 じゃんけんをして、先攻と後攻を決め、
1番目の人からボールを転がします。1人2回ずつ転がします。

3 入った穴の得点を記録しておき、次の人が転がします。
すべての人が終わったら、得点を計算しましょう。
得点の多いチームが勝ちです。

▶ 得点の合計点を記録しておきます。

注意！

ボールを転がす際、重心が不安定になって椅子からずり落ちてしまうことがあります。サポートできるよう、注意して見守っておきましょう。

ポイント
転がす力が弱い方や女性の方の場合は、転がす場所をホール台に近寄せましょう。

コミュニケーションUPの声かけ
「こちらのチームは何点ですか？」
得点を参加者自身に計算してもらうことで、脳を活性化させる効果が高まります。

スポーツレク❼

10 紙コップDE的当て

人数：1チーム2〜5人×2チーム　**時間**：1セット5分　**効果**：手首・腕の運動、計算、コントロール力

方向が定めにくい紙コップをうまく投げるには、手首のスナップがポイント。得点を参加者に計算してもらい、計算力アップも図ります。

レクの前に

- 的を床に広げ、そこから1mほど離れたところを投げる位置とします。
- ビニールテープでラインを引き、椅子を置きます。
- 2チームに分かれ、じゃんけんなどで先攻と後攻を決めます。さらにチームのなかで投げる順番を決めておきます。

準備するもの
- 模造紙でつくった的
- 紙コップ10〜20個
- ビニールテープ
- ホワイトボード

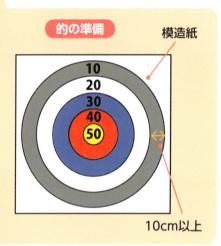

的の準備／模造紙／10cm以上

進め方

1 先攻チームの1番目の人から始めます。1人3投ずつ紙コップを投げます。

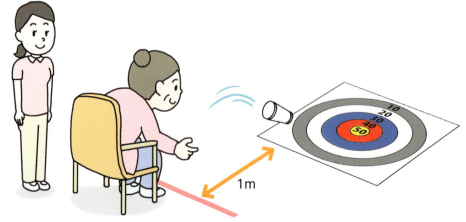

1m

28

2 チームの全員が投げ終わったら、いったん得点を数えて総得点を記録し、紙コップを回収します。

▶参加者に得点を読み上げてもらいましょう。

3 後攻チームの番になります。
最後まで行って、総得点の高いチームが勝ちです。

注意！
夢中になるあまり、立ち上がって前に出てしまう人もいます。事前に、ラインから前に出ないよう伝えておきましょう。

コミュニケーションUPの声かけ
「今のはノーカウントにしましょう」
紙コップが的まで届かなかったときは、数に入れずもう一度投げてもらいましょう。

スポーツレク⑧

11 ポンポンお手玉ダーツ

人数：1チーム2〜4人×2チーム
時間：1セット10分
効果：手首・腕の運動、計算、コントロール力

お手玉を矢に見立てたダーツです。手首や腕の運動になるほか、参加者自身に点数を計算してもらうことで、計算力が養われます。

レクの前に

- 的を壁に貼り、そこから1mほど離れたところを投げる位置に決めて椅子を置きます。
- 同数ずつ2チームに分かれ、じゃんけんなどで先攻と後攻を決めます。さらにチームのなかで投げる順番を決めておきます。

準備するもの
- 模造紙でつくった的
- お手玉10個ぐらい
- 記録用のホワイトボードなど

的の準備　模造紙　10cm以上

進め方

1 先攻チームの1番目の人が位置につき、お手玉を投げます。1人3投ずつ投げます。

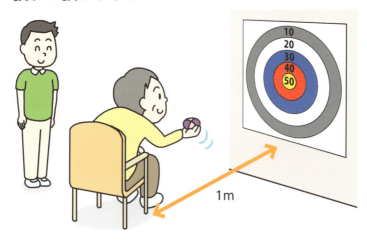

1m

2 お手玉が当たったところの点数を記録しておきます。
チーム全員が投げ終わったら、得点を計算します。

▶高い点数のところに当たった場合は、「○点が出ました！」など声かけして盛り上げましょう。

3 後攻チームに交替して同様に行います。
総得点の高いチームが勝ちです。

ポイント
参加者によって投げる位置を変えます。女性や力の弱い人の場合は少し椅子を的に近づけるようにしましょう。

コミュニケーションUPの声かけ
「何点のところに当たるでしょう？」
お手玉が的に当たるのは一瞬です。注意してみてもらうようにしましょう。

スポーツレク⑨

人数：2〜5人　時間：30分　効果：手首・腕の運動、コントロール力、計算

12 紙コップスナイパー

ボールを紙コップに当て、いくつ倒せるかを競います。ボールは投げても転がしても構いません。より多く倒すにはどうしたらいいか、頭も使うゲームです。

レクの前に

- 紙コップに点数を書きます。10点、15点、マイナス5点など、ランダムでOK。
- 床の上に紙コップをピラミッド状に並べます。そこから3mほど離れたところに椅子を置きます。
- あらかじめ投げる順番を決めておきます。

準備するもの

- 紙コップ15個
- ゴムボール（片手でつかめる大きさ）
- 記録用のホワイトボードなど

進め方

1 1番目の人が位置につき、ボールを転がします。

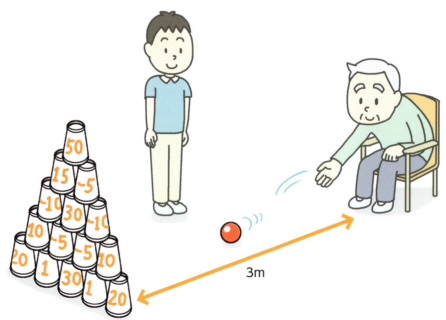

32

② 倒れた紙コップの得点を計算し、記録しておきます。
紙コップは元の状態に並べ直します。

▶紙コップを戻すときは、点数の配置は変わっても OK です。

③ 次の人に交替し、同様に行います。
最後まで行い、一番得点の高かった人が勝ちです。

田村さんが
65点で優勝です

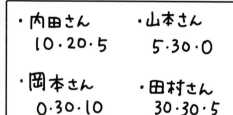

・内田さん　　・山本さん
　10・20・5　　　5・30・0

・岡本さん　　・田村さん
　0・30・10　　30・30・5

ポイント
紙コップを置く位置は参加者の状態によって加減しましょう。投げる位置から遠いほど難易度が上がります。

「全部で
何点ですか？」
得点は参加者自身に計算してもらいましょう。

コミュニケーションUPの声かけ

スポーツレク⑩

13 ホールインワンゲーム

人数：2～5人　時間：20分　効果：腕の運動、計算、コントロール力

最初は難しいですが、何度もやるうちにコントロール力がついてきます。参加者に得点を計算してもらうことにより、計算する力が養われ、熱意もアップします。

レクの前に

- いろいろな大きさの器をランダムに並べておきます。
- 3mぐらい離れたところを投げる位置と決め、椅子を配置します。
- メンバーのなかであらかじめ投げる順番を決めておきます。

準備するもの
- バケツ
- ペットボトル（500ml、2l）
- ボウル
- 丼などさまざまな大きさの器
- お手玉5個
- 記録用のホワイトボードなど

器の準備

点数の目安

バケツ　ボウル　丼

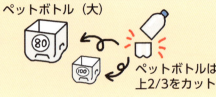
ペットボトル（大）
ペットボトル（小）
ペットボトルは上2/3をカット

進め方

1 1番目の人から、器をめがけてお手玉を投げていきます。

② 1人5回投げます。1発で入ったら満点ですが、再チャレンジで入ったら1点マイナスされます。投げ終わったら得点を合計し、ホワイトボードに書き留めます。

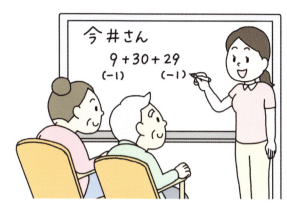

③ 2番目以降の人も同様に行い、すべての人が投げたら終了です。得点を比べ、一番高い人が勝ちです。

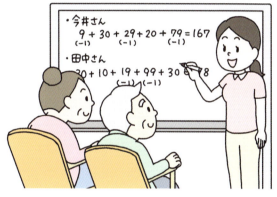

ポイント
人によって腕の力に差があります。女性や腕の力が弱い人のときには得点の高い器を前のほうに出すなど、調整しましょう。

コミュニケーションUPの声かけ
「バケツからスタートしてみましょう」
簡単なものから始めると、コツがつかめます。1投目はバケツをすすめるのがよいでしょう。

スポーツレク⑪

14 魚釣りゲーム

人数：2〜5人　時間：20分　効果：集中力、手先の感覚、交流

ぶらぶら揺れる糸で魚を釣り上げるのはなかなか難しいので、集中して行う必要があります。長靴など、ハズレを混ぜておくと笑いが出て盛り上がります。

レクの前に

- ブルーシートを床に敷き、魚をまんべんなく並べておきます。
- ブルーシートを囲むように座ってもらいます。

準備するもの
- 紙を切り抜いてつくった魚 15〜20枚
- 釣り竿
- ブルーシート

魚・釣り竿の準備

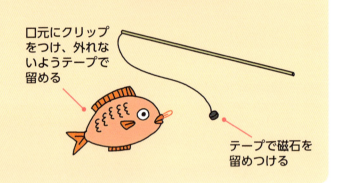

口元にクリップをつけ、外れないようテープで留める

テープで磁石を留めつける

進め方

1 スタッフの合図で、一斉に魚を釣り始めます。
釣り竿の磁石で、魚につけたクリップを引き寄せて釣ります。

▶バランスを崩して椅子からずり落ちることがあります。目を配りましょう。

❷ その場にある魚が全部釣れたら終了です。

❸ 何匹釣れたか、お互いの釣果を比べます。

注意！

遠くの魚を釣ろうとして身を乗り出すと、バランスが崩れて危険です。魚は参加者の手の届く範囲に置きましょう。また腕が伸ばせない人の周囲には、魚を少し近づけて置いておきましょう。

ポイント
魚の絵を参加者自身に描いてもらい、自分が描いた魚を釣ったらポイントアップするルールにすると、より楽しめます。

コミュニケーションUPの声かけ
「新種の魚でしょうか？」
長靴や古タイヤなど、魚でないものを釣ってしまう場合も。ユーモアを混じえて、場をなごませましょう。

第2章 スポーツレク ⓮ 魚釣りゲーム

少人数向け　準備多

37

スポーツレク⑫

人数：2〜5人　時間：10分　効果：手先・腕の感覚、脳の活性化

15 凸凹ゴルフ

パターゴルフの要領で行いますが、地面がでこぼこしているので、力加減がなかなか難しいゲームです。手先や腕の感覚が養われ、脳も活性化します。

レクの前に

- 床に30cm間隔で食品ラップの芯を置き、上にバスタオルをかぶせてコースをつくります。
- くぼんだところに点数を書いた札をテープで貼り付けておきます。
- コースから1mほど離れたところを打席とし、椅子を置いておきます。
- あらかじめ打順を決めておきます。

準備するもの
- 食品ラップの芯5本
- バスタオル1枚
- ゴムボール（ソフトボール大）
- おもちゃのバット
- 記録用のホワイトボードなど

コースの準備

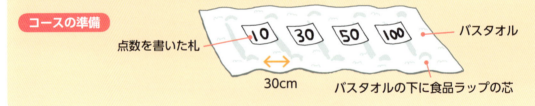

点数を書いた札／10　30　50　100／バスタオル／30cm／バスタオルの下に食品ラップの芯

進め方

1 1番目の人が打席につき、バットでボールを打ちます。ボールが止まったところの点数をホワイトボードに書き留めておきます。

1打目は30点ですね

2 1人3回打ち、合計が得点となります。
2番目以降の人も同様に行います。

3 すべての人が終わったら総合点を比べ合います。
得点が一番高い人の勝ちです。

ポイント

バットにボールをうまく当てられない人には、手で転がしてもらってもOKです。椅子の向きは正面に変えましょう。

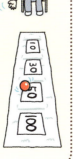

コミュニケーションUPの声かけ

「パワーが余っちゃいましたね！」

コース一番奥のくぼみは0点です。惜しかったですね、という気持ちを込めて声かけしましょう。

スポーツレク⑬

16 コインタワーゲーム

人数：1チーム2〜3人 ×2チーム
時間：1セット10分
効果：手先の感覚、集中力、計算

コインが崩れないよう、なるべく高く積み重ねていきます。手先の感覚と集中力が必要とされるゲームです。あせらず、落ち着いて取り組むのがコツ。

レクの前に

- 同数ずつ、2チームに分かれます。
- チーム内で順番を決めておきます。

準備するもの
- おもちゃのコイン（1チームにつき50枚）

進め方

1 じゃんけんで勝ったほうを先攻とし、1番目の人がコインを重ね始めます。何枚でも、できるだけ積み重ねます。

2 続いて後攻チームの1番目の人が先攻チームの重ねたコインの上にコインを重ねていきます。
このとき、先攻と同じ数だけのコインを置かなければなりません。

3 同様に、チームが交互にコインを積んで行きます。
少しずらして置くなどして、妨害してもOK。
自分の番でコインを崩したチームが負けです。

▶少しずらしてコインを積み、敵チームを妨害してもOK。

ポイント
コインは大きさの揃ったものを使います。小さすぎると積み上げにくいので、直径5cmぐらいが適度な大きさです。

コミュニケーションUPの声かけ

「○秒以内に積んでください！」
ゲームに慣れてきたら、時間制限を設けて難易度をアップしましょう。

第2章 スポーツレク ⑯ コインタワーゲーム

少人数向け
準備多

41

スポーツレク⑭

人数：2〜5人　　時間：10分　　効果：手先の感覚、握力、計算

17 コインつかみどりゲーム

つかむ動作を繰り返すことで、手先の感覚が養われ、握力がアップします。また日頃から手先をよく使っておくと、認知症予防によいと言われています。

レクの前に

- テーブルの上にコインの入った入れ物、はかり、器を配置します。はかりはあらかじめ器の重さを引いてゼロにしておきます。
- あらかじめ順番を決めておきます。

準備するもの
- 1円玉：1000枚ぐらい
- 器（お皿などでもよい）
- はかり
- 記録用のホワイトボードなど

進め方

1 1番目の人が用意された席に座り、片手でできるだけ多くコインをつかんで器に移します。

「わあ、たくさんつかみましたね」

② 重さを量り、記録しておきます。

③ 2番目以降の人も同様に行います。最後の人まで行ったら、記録を比べ合いましょう。より多くつかめた人の勝ちです。

注意！
腕が上がりにくい参加者の場合には、コインの入った入れ物を低い位置で支えてあげましょう。

コミュニケーションUPの声かけ
「何グラムですか？」
はかりの目盛りを参加者自身に読んでもらいましょう。

人数：2〜5人　　時間：10分　　効果：手先の感覚、握力、計算

アレンジ

18 ピンポンつかみどりゲーム

コインつかみどりゲームと同様に行いますが、ピンポンはつかみにくいため、難易度が上がります。重さでなく、数を数えてもらいましょう。

進め方

進め方は「コインつかみどりゲーム」と同じです。
最後にピンポン玉を参加者自身に数えてもらいましょう。

準備するもの
・ピンポン玉：30個ぐらい
・器（ボウルなど）
・記録用のホワイトボードなど

ポイント
チーム戦にすることもできます。男女差、握力の強さなども考慮し、バランスよくチーム分けをしましょう。

スポーツレク⑮

19 100グラムを目指せ！！

人数：1チーム2～3人 ×2チーム
時間：1セット3分
効果：手先の感覚、握力、計算

握力アップの訓練になるだけでなく、持ったものの重さを推測することで、日常生活の感覚を養います。

レクの前に

- テーブルの上にコイン（ビー玉）の入った入れ物、はかり、器を配置します。はかりはあらかじめ器の重さを引いてゼロにしておきます。数値が出る部分に紙を貼るなどして、目隠しをしておきましょう。
- 同数ずつチーム分けにし、メンバー内で順番を決めておきます。

準備するもの
- コインやビー玉
- はかり
- 器（お皿など）

進め方

1 チームの代表者がじゃんけんをし、勝ったチームから始めます。100グラム分になるよう、コインをつかんで器に移します。実際の重さは記録しておきましょう。

❷ 先攻チームが終わったら、後攻チームも同様に行い、重さを記録していきます。

❸ チーム全員の記録を足して、
人数×100グラムに近いチームの勝ちになります。
また、100グラムに一番近い人が成績優秀者です。

▶合計の数値は参加者に計算してもらいましょう。

ポイント
一度でつかむのがむずかしい場合は何度かに分けてもOK。器に移した後に、ちょっと戻すのもありにしましょう。

コミュニケーションUPの声かけ
「ちょっとのせ（少な）過ぎかな？」
多すぎる人、逆に少なすぎる人などにはヒントを出してあげましょう。

第2章 スポーツレク
⓳ 100グラムを目指せ!!

少人数向け
準備 多

45

スポーツレク⑯

人数：2〜5人　時間：1セット3分　効果：手先の運動、計算

20 豆つかみゲーム

いかに箸を上手に操れるかがポイント。手先の運動になるほか、認知症予防に効果的なゲームです。豆の数は参加者自身に数えてもらいましょう。

レクの前に

- テーブルに小豆を入れた皿、空の皿、割り箸を用意します。
- 人数分の椅子をセットしておきます。

準備するもの
- 小豆（1人につき1つかみ分）
- 皿（1人につき2枚）
- 割り箸（人数分）

進め方

1 席につき、割り箸を手に取ります。スタッフの合図でゲームスタート。豆をもう一方の空の皿に移していきます。

▶ 割り箸を持ちづらい人は普段使っている箸でもOKです。

② **3分経ったらゲーム終了です。**

はい、ストップです！

▶終了の合図ははっきり、大きな声で宣言しましょう

③ **皿に移した豆の数を数えましょう。一番多い人が勝ちです。**

1、2、3…

▶数を数えることで、脳が活性化します。

注意！

認知症の方は豆を食べてしまう場合があるので、目を配っておきます。また床に落ちた豆をそのままにすると転倒の原因になるので、スタッフはすぐに拾うようにしましょう。

ポイント

大豆を混ぜておき、大豆をとってしまったらマイナス1点などのルールにすると、難易度がアップします。

「ここで秘密兵器です！」

箸では難しい人には、残り時間が少なくなったらスプーンを渡してあげます。

コミュニケーションUPの声かけ

第2章 スポーツレク
⑳ 豆つかみゲーム

少人数向け
準備 多

47

スポーツレク⑰

人数：1チーム2〜3人×2チーム
時間：1セット1分×3回
効果：手首の運動、計算、交流

21 スプーン DE ポイ

ビー玉をスプーンですくって、器に移していくゲームです。ものをすくう動作が手首の運動になります。最後は参加者自身に数えてもらい、計算力を高めましょう。

レクの前に

- 同数ずつ2チームに分けます。
- チームに1セットずつ、ビー玉を入れたボウル、器をテーブルに用意します。
- 人数分の椅子をセットしておきます。

準備するもの
- ビー玉100個ぐらい
- カレースプーン（1人1本）
- 底の深い器（チームにつき1個）
- ボウル（チームにつき1個）

進め方

1 それぞれのチームが位置につき、スプーンを手にして準備します。スタッフの合図で、一斉にビー玉をすくって器に移していきます。

▶ スプーンをレンゲにしてもOK。日頃使い慣れているものでも構いません。

2 1分経ったら終了。手をとめて、器に移せたビー玉の数を数えます。多く入れられたチームの勝ちです。

3 3セットほどおこない、総合点を競いましょう。

▶参加者がビー玉を数えているうちに、スタッフは落ちているビー玉を拾っておきましょう。

ポイント
ビー玉は転がりやすく、スプーンではすくいづらいので、参加者の状態によって碁石などに変えましょう。

コミュニケーションUPの声かけ
「いくつありますか？」
参加者自身にビー玉の数を数えてもらいましょう。

スポーツレク⑱

22 水中から救い出せ！！

人数：1対1×3組まで　時間：1セット 1分×3回　効果：心肺機能

ピンポン玉に息を吹きかけて、グラスのなかから救出します。「フーッ」と思い切って息を吹くので、肺活量アップに効果的です。

レクの前に

- グラスに水を入れ、ピンポン玉を浮かべます。
- テーブルの上にグラスをセットし、椅子を配置しておきます。

準備するもの
- グラス（紙コップでもよい）2個
- ピンポン玉2個

進め方

1. それぞれ位置につきます。
   スタッフの合図で、ピンポン玉に息を吹きかけます。

❷ 先にピンポン玉をグラスから出せた人の勝ちです。

❸ 休憩をはさみながら3セットほど行います。最後にゆっくり深呼吸をして終了しましょう。

注意！

水の量が少ないと、いくら息を吹きかけてもピンポン玉が出ません。事前にスタッフが試して、水の量を調節しておきましょう。

ポイント
軟らかい紙コップを使うと、持った時に潰れて水があふれることがあります。潰れにくいしっかりしたコップを使用しましょう。

コミュニケーションUPの声かけ

「ちょっと休憩しましょう」
息を吹き続けて苦しくならないよう、1セットごとに休憩をとります。

スポーツレク⑲

23 どこまでも続くよ新聞紙ゲーム

人数：1チーム2人×2〜4チーム
時間：1セット1分×3回
効果：手先の感覚、思考、交流

新聞を細長くちぎり、どこまで破らずに長くできるかを競います。手先の感覚を鍛えるほか、どんなちぎり方をすればよいかなど、考える力も養われるゲームです。

レクの前に

- 人数分の椅子を横に並べます。チーム内で順番を決め、椅子に座ってもらいます。
- チームに1枚ずつ新聞紙を渡します。

準備するもの
- 新聞紙（チームに1枚）
- メジャー

進め方

1. スタッフの合図で、1番目の人が新聞をちぎっていきます。1人30秒の持ち時間で、できるだけ長くなるようちぎります。

2 30秒経ったら次の人に交替します。
途中で切れてしまったものはそばに置いておき、
切れたところからまた始めます。

3 すべての人が終わったら、メジャーで測ります。
途中で切れたもので勝負しても構いません。
より長くつなげられたチームの勝ちです。

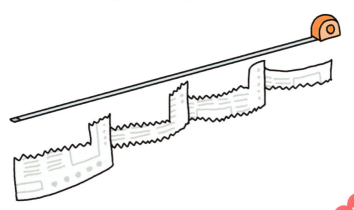

ポイント
縦、横、斜め、どんな風にちぎってもOKです。最初はとまどう人が多いようなので、ゲームを始める前にスタッフが見本を見せましょう。

コミュニケーションUPの声かけ
「○○さんチームが最長です！」
最後に長さを測り、記録を褒め称えると盛り上がります。

第2章 スポーツレク
23 どこまでも続くよ新聞紙ゲーム

少人数向け
準備 少

53

スポーツレク⑳

24 新聞破りゲーム

人数：2人1組×3～4組
時間：1セット1分×3回
効果：手先・腕の運動、交流

2人で新聞紙を引っ張り合い、早く破ることができたペアが勝ち。力加減とタイミングがポイントになります。協力し合うことでコミュニケーションが深まります。

レクの前に

- 2人1組をつくり、向かい合わせで座ってもらいます。
- 組ごとに1枚ずつ新聞紙を渡します。

準備するもの
- 新聞紙（1組に1枚）

進め方

① 2人でそれぞれ新聞紙の端をもち、スタンバイします。スタッフの合図で引っ張り合います。

よーい、ドン！

② 一番早く破れたペアが優勝です。

③ 3セットほど行い終了しましょう。

注意！

引っ張り合ったとき、後ろにひっくり返ることがあります。スタッフはすぐに動けるよう、椅子の後ろに立って見守りましょう。

ポイント
複数のペアが同じタイミングで破れた場合は、よりまっすぐ破れたほうの勝ちにしましょう。

コミュニケーションUPの声かけ
「どうすれば破れやすいでしょうかね？」
かけ声で2人のタイミングを合わせると破れます。なかなか破れないペアには教えてあげましょう。

スポーツレク㉑

25 新聞DE キャッチボール

人数：2人1組×3〜4組
時間：1セット5分
効果：手先・腕の運動、思考、交流

キャッチボールをしながら、お互いのことについて質問をしあいます。あまり知り合えていない人同士が、仲良くなるきっかけをつくれるゲームです。

レクの前に

- 新聞紙を丸めてテープでとめ、ボール状にします。参加者自身に作ってもらいましょう。
- 人数分の椅子をセットしておきます。

準備するもの
- 新聞紙

進め方

1 2人が向かい合い、一方がボールを投げながら相手について質問します。

② ボールを受け取った相手は質問に答え、また投げ返しながら一方について質問します。

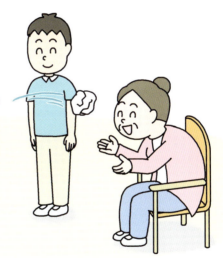

③ 5分ぐらいを目安に終了にしましょう。

ポイント
何を質問したらよいかわからないという人もいるので、スタッフのほうで事前にいくつか考えておきます。質問に行き詰まったら、教えてあげましょう。

コミュニケーションUPの声かけ
「よく知り合えましたか？」
ゲームを終わらせるときには、会話のきりのよいところで終了の合図を出します。

少人数向け
準備 少

スポーツレク㉒

26 しりとりボール投げ

人数：2〜5人　時間：1セット15分　効果：腕の運動、交流、脳の活性化、言語機能

同時に2つの行動をとらなければならないので、頭がフルに働きます。このゲームのように考えながら体を動かすレクは、認知症予防に最適です。

レクの前に

- 椅子を横に並べて配置します。間を2mほどあけて並べましょう。
- あらかじめ順番を決め、その順で椅子に座ってもらいます。

準備するもの
- ゴムボールあるいは風船

進め方

1 1番目の人は最初の言葉を言うと同時に、ボールを2番目の人に投げて渡します。

② 2番目の人はボールを受け取ったら、しりとりになる言葉を言いながら、ボールを3番目の人に投げます。

③ 最後の人まで行ったら、また逆順に戻していきます。ボールを落としたり、途中で間違えたりしたら負けです。

▶制限時間を設定すると、より盛り上がります。

注意！

ボールをあせって投げ、人にぶつけてしまうことがあります。「投げるときは優しくお願いします」と、事前に注意しておきましょう。

「皆さん上手なので、ルールを厳しくしますよ！」

勝負がつかない場合は、3秒以内に投げ返すなど、時間制限を設けましょう。

スポーツレク㉓

27 リアクションじゃんけん

人数：1対1×3〜5組
時間：1セット10分
効果：瞬発力、発声、感情表現

参加者に思いきり喜んだり、悔しがったりしてもらいましょう。大きな声で感情表現を行うと、顔や体の緊張がとれて、ふだんの表情も豊かになっていきます。

レクの前に
- 対戦相手を決め、向かい合って座ります。

進め方

じゃんけんをして、勝ったら「やったー！」、負けたら「悔しい！」と叫びます。

少人数向け
準備無

ポイント
開始前に、全員で「やったー！」「悔しい！」と叫びます。緊張がほぐれ、声が出やすくなります。

コミュニケーションUPの声かけ
「皆さん、よく声が出てますね！」
前向きな声かけをして、できるだけ大きい声を出してもらいましょう。

スポーツレク㉔

人数：1チーム1〜2人 ×2チーム
時間：1セット 5分
効果：腕の運動、思考、握力

28 ドンドン太鼓相撲

紙相撲の拡大版です。土俵に見立てた箱を叩き、段ボールの力士を動かします。腕の力を使いますが、どこを叩いたら力士が動きやすいか考えるのに、頭も働かせます。

レクの前に

- 段ボール箱を置き、その上に力士を立たせます。

準備するもの
- 段ボールでつくった力士
- 土俵（段ボール箱を組み立てたもの）
- 棒（新聞紙を丸めてつくったもの）

力士の準備
段ボール / 力士の絵 / 余分な部分は切り取る

進め方

スタッフの合図で、箱の側面をドンドン叩き始めます。力士が先に倒れたり、箱から落ちたりすると負けです。

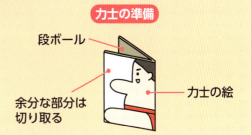
はっけよい、のこった！

注意！
棒に当たらないよう、観戦する人には離れて座ってもらいましょう。

コミュニケーションUPの声かけ
「ひがし〜◯◯山〜」
スタッフは行司役になって臨場感を演出しましょう。

第2章 スポーツレク

㉗ リアクションじゃんけん／㉘ ドンドン太鼓相撲

少人数向け　準備多

61

スポーツレク㉕

29 リズム肩たたき

人数：2〜5人　時間：1セット5分　効果：腕の運動、リズム感、心肺機能

歌に合わせて自分の肩をたたきます。単に歌うだけ、肩をたたくだけでも効果がありますが、ふたつのことを同時に行うと、さらに脳が活性化されます。

レクの前に

- 始めは動作を加えず、歌だけ歌います。
- ホワイトボードに歌詞を書いておきます。

準備するもの
- 2拍子か4拍子の歌
例）仲良し小道、春の小川、春が来た、箱根八里

進め方

スタッフと向かい合わせに座り、歌いながら肩を左右交互にたたきます。左右8回ずつ、4回ずつ、2回ずつ、1回ずつと進んだら、最後に手をたたきます。

はーるのおーがーわーは

ポイント
慣れてきたら、右左の順を逆にするなど、バリエーションに変化をつけましょう。

コミュニケーションUPの声かけ

「皆さん、いい声ですね〜」
恥ずかしがる人には、声かけで緊張をほぐしてあげましょう。

少人数向け　準備少

スポーツレク㉖

30 紙飛行機飛ばしゲーム

人数：2〜5人　時間：10分　効果：手先の感覚、手・腕の運動、回想

誰しも子どもの頃に、紙飛行機で遊んだことがあるものです。紙飛行機を折ったり飛ばして遊んだりすることで、昔を思い出してもらうのも、頭の体操になります。

レクの前に

- 投げる位置を決め、ビニールテープなどでラインを引いておきます。

準備するもの
- 折り紙
- ビニールテープ

進め方

**各自好きなように紙飛行機を折ります。
スタート地点から飛ばし、遠くまで飛ばした人の勝ちです。**

ポイント
最初にスタッフが紙飛行機をつくって、つくり方を覚えてもらいます。つくれない人の分はスタッフが準備しましょう。

コミュニケーションUPの声かけ
「せーの、それ行けー！」
かけ声に合わせて、飛行機を思い切り飛ばしてもらいましょう。

スポーツレク㉗

31 ドキドキ！キャップを落とせ！！

人数：2人1組×2〜5組　時間：1セット5分　効果：手先の感覚、交流

狙った得点の穴に、うまくキャップを落とすことができるか…手先の感覚とチームワークがものをいうゲームです。

レクの前に

- 2人組を決めておきます。

準備するもの
- 厚紙（段ボールなど）でつくった点数ボード
- ペットボトルのキャップ

点数ボードの準備

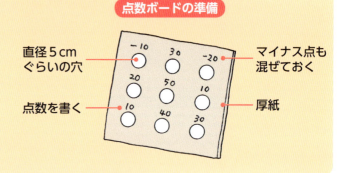

直径5cmぐらいの穴／点数を書く／マイナス点も混ぜておく／厚紙

進め方

1 それぞれ点数ボードの端を持ち、ペットボトルのキャップをその上に置いてスタンバイします。

▶始まるまでは、スタッフも一緒にボードを支えてあげてもよいでしょう。

2 スタッフの合図で、2人で協力しながらキャップを穴に落とします。

3 5分の間に高い点数をとれたペアが勝ちです。

注意！
浅く腰かけていると、熱中して前屈みになったとき、椅子から落ちてしまう危険があります。きちんと腰かけているか、事前に確認しておきましょう。

ポイント
点数ボードを新聞紙でつくっても OK です。厚紙を持つのが大変な人には新聞紙を使ってもらいましょう。

コミュニケーションUPの声かけ
「何点のところに落ちましたか？」
何点とれたかは自己申告制なので、きちんと見ておいてもらいましょう。

スポーツレク㉘

32 フーフードミノ倒し

👤 人数：4〜8人　🕐 時間：1セット 5分×3回　❤ 効果：手先の感覚、集中力、心肺機能

息の力だけでドミノを倒していきます。なかなか倒れないため、思い切り息を吹く必要があります。ドミノを並べるのにも手先の感覚や集中力が養われます。

レクの前に

- 参加者の間で、ドミノを吹く人を決めておきます。譲り合って決まらない場合は、スタッフが決めましょう。

準備するもの
- ドミノ 10 個ぐらい
※ 3 × 5cm を目安に、大きめのもの

進め方

1 参加者が協力し合いながら、テーブルの上にドミノを並べます。

▶手先の感覚が鍛えられます。

② 息を吹きかけて、手を使わずにドミノを倒します。
全部倒れるまで息を吹きかけます。

▶無理をさせないように、スタッフはしっかり見てましょう。

③ 吹く人を交替して、3セット行って終了しましょう。

ポイント
ドミノを並べるときは、参加者に同じ数ずつ配っておき、順番で並べてもらうとよいでしょう。

コミュニケーションUPの声かけ

「せーの！」
ドミノを吹くときに全員でかけ声をかけると、一体感が生まれます。

67

人数：1チーム2〜4人×2チーム
時間：1セット3分×2
効果：手首・腕の運動、コントロール力、瞬発力

スポーツレク㉙

33 ワキワキ攻防戦

攻守に分かれ、かごのなかにお手玉をいくつ入れられるかを競います。お手玉をいくつ入れられるか、ワクワクドキドキ（ワキワキ）感を盛り上げましょう。

レクの前に

- 同数ずつ2チームに分かれます。攻めるチーム、守るチームを決めておきます。

準備するもの
- お手玉
- 卓球ラケット
- かご

進め方

1 攻守、向かい合います。守るチームはかごを足元に置き、卓球のラケットを手にします。攻めるチームはお手玉を持ちます。

68

2 スタッフの合図で、攻めるチームはお手玉をかごにめがけて投げ入れます。守るチームはラケットでお手玉を防ぎます。

▶特に「守るチーム」の参加者が椅子から落ちないように注意しましょう。

3 3分経ったら終了。かごに入ったお手玉の数を数えましょう。攻守を交替し、同様に行います。
お手玉を多く入れられたチームの勝ちです。

ポイント
かごに入らなかったお手玉はスタッフが拾って、攻めるチームのほうに戻します。

コミュニケーションUPの声かけ
「ひとーつ、ふたーつ」
数えるときはお手玉を高く投げながら、声を揃えて数えるとワクワクドキドキ感が増します。

スポーツレク㉚

34 タオルキャッチゲーム

人数：1チーム4人×2チーム
時間：1セット5分
効果：腕の運動、交流、手先の感覚

タオルを使って行うキャッチボールです。タオルの両端を持つ2人で、息を合わせるのがポイント。チームワークが重要です。

レクの前に

- 4人ずつのチームに分かれ、さらにチームのなかで2人組を決めておきます。
- チームのなかで、先攻（先にボールを投げる）ペアを決めておきます。

準備するもの
- タオル（1チーム2枚）
- ゴムボール

進め方

1 2人組でタオルの端を持ち、それぞれのチームの先攻ペアがボールをタオルにのせます。
スタッフの合図で、後攻ペアにボールを投げます。

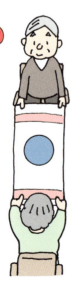
先攻ペア

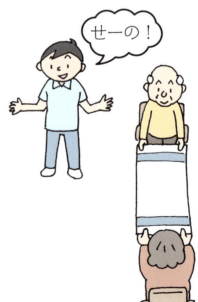
せーの！
後攻ペア

70

❷ 後攻ペアはタオルでボールをキャッチし、先攻ペアに投げ戻します。

▶ 2人の息が合わないとうまくボールは飛びません。かけ声を出してもらうとよいでしょう。

❸ 5分を目安に、ボールを落とさずに、キャッチボールが長く続いたチームの勝ちです。

ポイント
コツをつかむまで時間がかかります。はじめはボールが落ちてしまってもノーカウントにしましょう。

コミュニケーションUPの声かけ
「せーの、に合わせて投げてくださいね」
せーの、で投げるタイミングを合わせるとうまく行きます。

第2章 スポーツレク
34 タオルキャッチゲーム

中人数向け
準備 少

71

スポーツレク 31

35 人間輪投げ

 人数：4〜8人　 時間：1セット 5分　効果：手・腕の運動、計算、コントロール力

人間を的にした輪投げです。的となったスタッフにめがけて輪を投げるので、コントロールが必要です。点数の計算も参加者自身に行ってもらい、計算力を鍛えましょう。

レクの前に

- 輪が首にかかったら10点、腕は5点などと点数を決めておきます。
- あらかじめ投げる順番を決めておきます。
- 参加者から3mほど離れたところにスタッフが座ります。

準備するもの
- 新聞紙を巻いてつくった投げ輪10個ほど
  ※直径30cmぐらい

進め方

1 スタッフに向かって、それぞれ2投ずつ輪を投げます。

▶輪は1人ずつ順番に投げたほうがよいでしょう。

どんどん投げてください

えいっ！

2 全員が投げ終わったら得点を計算します。

▶ 遠いところに輪が飛んできたら、スタッフが体を動かして点が入るようにしましょう。

3 2セットほど行い、合計点数が高い人が勝ちです。

ポイント
点をとりにくい人には、スタッフが腕や頭を動かして自分から輪に入るようにするとよいでしょう。

コミュニケーションUPの声かけ

「得点です！」
点が入ったら大きな声で教えてあげましょう。

スポーツレク㉜

人数：4～8人　時間：20分　効果：腕の運動、交流、コントロール力

36 花咲かせゲーム

腕の運動になるほか、みんなの協同作業なのでチームワークが養われます。美しく花咲いた木を眺めれば、達成感も得られます。

レクの前に

- 1人が3投ぐらいできるよう、参加者に紙花を配っておきます。
- ホワイトボードに木を描き、投げつけた花がひっつくよう、セロテープを裏返しに丸めて貼り付けておきます。

準備するもの
- 紙でつくった花
- ホワイトボード
- セロテープ

進め方

1 スタッフの合図で、次々に花を木に投げつけていきます。

セロテープを裏返しに丸めたもの

▶ 1人3つずつ、紙花を持ちます。

2 届かなくて落ちた花はスタッフが拾って、参加者に戻して再度投げてもらいます。

3 花が全部貼りついたら終了です。

ポイント
木まで届かない人がいたら、投げる位置を近づけましょう。

コミュニケーションUPの声かけ

「枯れ木に花を咲かせましょう！」
花咲か爺さんのフレーズを合図に、花を投げてもらいましょう。

スポーツレク㉝

人数：4〜8人　時間：10分　効果：手首・腕の運動、交流、想像力、コントロール力

37 巨大福笑い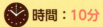

目隠しをするのではなく、大きなパーツを投げつけて顔をつくっていくので、コントロールが肝心。おかしな顔ができたほうが、笑いが出て盛り上がります。

レクの前に

- 福笑いの輪郭を床に広げて置きます。
- 参加者は1mほど離れて座り、顔のパーツを持ちます。

準備するもの

- 模造紙に大きな福笑いの輪郭を描いたもの
- 輪郭に合うサイズの顔のパーツ

福笑いの準備：顔のパーツ、模造紙、顔の輪郭、投げやすいよう、碁石などを貼り付ける

進め方

1 スタッフの合図で、目標をめがけて顔のパーツを投げていきます。

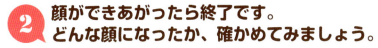

② 顔ができあがったら終了です。
どんな顔になったか、確かめてみましょう。

▶輪郭の中にうまく入らなかった場合は、スタッフが拾って、もう一度投げてもらいましょう。

③ 女性の顔などにパーツを変え、何回か行い終了しましょう。

ポイント
なじみのあるスタッフの顔を福笑いにすると盛り上がります。

コミュニケーションUPの声かけ
「これは誰の顔でしょう？」
顔ができあがったら、参加者に考えてもらいましょう。

スポーツレク㉞

人数：1チーム2〜4人 ×2チーム
時間：1セット 1分×3回
効果：腕の運動、コントロール力

38 のせちゃえ盛っちゃえゲーム

タオルを椅子にのせていくだけのゲームです。ただ、うまく積み重ねるにはどこを狙えばいいか、狙い通りに投げるにはタオルをどんな形にすればいいか、頭も使います。

レクの前に

- 同数ずつ2チームに分かれます。
- チームに1つずつ椅子をセットし、2mぐらい離れたところを投げる位置に決めます。

準備するもの
- 椅子
- タオル（1チーム十数枚）

進め方

1 スタッフの合図で、椅子にのるようにタオルを投げます。

2 **1分間勝負で、より多くタオルをのせられたチームの勝ちです。**

▶ 使い終わったタオルは参加者にたたんでもらい、洗濯するようにしましょう。

3 **3セット程度行い、終了します。**

ポイント
タオルはそのままでも、丸めたりしばったりしてもOK。参加者に任せましょう。

コミュニケーションUPの**声かけ**
「のせて、のせて！」
制限時間内に1つでも多くのせられるよう、応援しましょう。

スポーツレク㉟

39 グラグラ傘バトルゲーム

人数：1チーム3〜4人×2〜3チーム
時間：1セット5分
効果：握力、手首・腕の運動、計算、コントロール力

グラグラ揺れる傘のなかに、新聞紙のボールを入れていきます。いくつ入ったか参加者自身に数えてもらい、計算力を養いましょう。

レクの前に

- 同数ずつチームに分かれます。
- 傘を開いて逆さにして置き、それぞれのチームが傘の周囲半径2mぐらいのところに座ります。
- 新聞紙は手元に置いておきます。

準備するもの
- 傘（チームの数分）
- 新聞紙（1人5〜10枚）

進め方

1 スタッフの合図で、新聞紙を丸めて傘のなかに投げ入れます。

▶ 下から投げたほうが傘のなかに入りやすいです。

２ 新聞紙のボールがすべてなくなったら終了です。
傘のなかにある新聞紙のボールの数を数えます。

３ 傘のなかにボールが多く入ったチームの勝ちです。

ポイント
チームの人数が多いと、投げた新聞紙ボールが傘からあふれてしまいます。その際は最初に渡す新聞紙の量を少なくして調節しましょう。

コミュニケーションUPの声かけ
「よく狙って投げてくださいね！」
あせるとうまく入りません。コントロールよく投げてもらいましょう。

スポーツレク㊱

40 ボッチャ

人数：1チーム2〜5人×2チーム
時間：1セット10分
効果：腕の運動、交流、脳の活性化

的に向かってボールを投げ、的とボールの距離がより近いほうが勝ちとなるレクです。相手チームのボールを弾いてもOK。作戦を練るのに頭を使います。

レクの前に

- 床に的を置き、ビニールテープやひもなどで周囲に半径30cmの円を描きます。
- 赤チーム、青チームなどに同数ずつ分かれ、赤・青が交互になるよう、的の周囲に座ってもらいます。
- それぞれチームのなかで、ボールを投げる順番を決めておきます。

準備するもの

- 的となるもの
  ※水を入れたペットボトルなど
- 赤と青など、色の異なるゴムボール（人数分ずつ）
- ビニールテープかひもなど

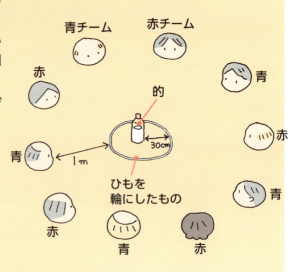

進め方

1 代表者がじゃんけんをして勝ったチームの1番目の人から、自分のチームの色の玉を的に向かって投げます。

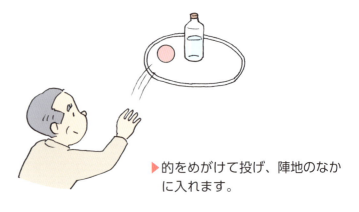

▶的をめがけて投げ、陣地のなかに入れます。

2 次に後攻チームの1番目の人が投げます。
敵のボールにぶつけて、的から遠ざけても構いません。
交互に投げて行き、すべての人が投げ終わったら終了です。

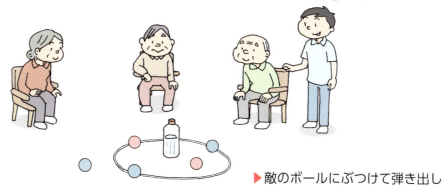

▶ 敵のボールにぶつけて弾き出しても OK です。

3 陣地に入っているボールがいくつあるか数え、多いチームが勝ち。
同数の場合は、的とボールの距離が近いほうを勝ちとします。

「15cmで赤チームの勝ちです」

注意！

ボールを上から投げると肩を痛める危険があります。必ず下投げで投げてもらいましょう。事前にスタッフがポーズをとってみせながら説明するとよいでしょう。

ポイント
人数が多い場合は、的の周囲の円を少し広げましょう。輪の中に納まる玉の数が増え、より盛り上がります。

コミュニケーションUPの声かけ

「わずかの差で、こちらの勝ちです」

点数に大きく差が出ないよう、事前のチーム分けを調整したり、最後のジャッジを加減したりしましょう。

スポーツレク ㊲

41 爆弾ゲーム

人数：1チーム3～4人 ×2チーム
時間：1セット 5分
効果：手首・腕の運動、思考、コントロール力

お手玉を投げて、爆弾に見立てた容器を相手の陣地に送り合います。手持ちの玉がなくなったときに爆弾が陣地にあったら「ドカーン！」。どのタイミングで玉を投げるか、頭を使いながら行います。

レクの前に

- 同数ずつ2チームに分かれ、3～4mほど離れて向かい合わせで座ります。
- 真ん中にビニールテープでラインを引き、その上に爆弾に見立てた容器を並べます。

準備するもの
- ヨーグルトやプリンの空き容器（人数分）
- お手玉（1人2個）
- ビニールテープ

進め方

爆弾（容器）にお手玉をぶつけて相手の陣地に送ります。手持ちのお手玉がなくなったら終了。より多く相手の陣地に爆弾を送ったほうが勝ちです。

中人数向け／準備多

ポイント
スタートと同時にお手玉を投げるか、相手が投げ終わるのを待つか、チームの作戦次第です。ゲームの前に説明しましょう。

コミュニケーションUPの声かけ

「爆発しますよ！」
爆弾を送られたほうに声かけして、ドキドキ感を盛り上げましょう。

スポーツレク㊳

42 色合わせ玉入れ

 人数：1チーム3〜5人×2チーム
 時間：1セット1分×3回
効果：腕の運動、思考、コントロール力

コントロールだけでなく、同じ色のバケツを選ぶための判断力が大切。1分という制限時間にまどわされず、落ち着いて投げたほうが入る確率が高まります。

レクの前に

- 同数ずつ2チームに分かれます。
- 間隔をあけてバケツを置き、そこから3mほど離れたところを投げる位置にして、チームごとに並びます。

準備するもの
- 色の違うお手玉3種類
- お手玉と同じ色のバケツ3つ
※色のラベルを貼ってもOK

進め方

1分の時間制限で、お手玉と同じ色のバケツにお手玉を入れていきます。違う色のバケツに入ったお手玉はノーカウントとなります。より多くお手玉を入れられたチームの勝ちです。3セットほど行いましょう。

ポイント
バケツとバケツの間隔を狭くすると、間違えて入る確率が高くなり、ゲームが盛り上がります。

「こちらのチーム、優勢です！」
実況アナウンスをして勝負を盛り上げましょう。
コミュニケーションUPの声かけ

第2章 スポーツレク
㊶ 爆弾ゲーム／㊷ 色合わせ玉入れ

中人数向け
準備多

人数：1チーム3～4人×2チーム　時間：1セット5分　効果：手・腕の運動、交流、コントロール力

スポーツレク㊴

43 風船を逃がせ！

ロープでつくった円のなかから、丸めた新聞紙をぶつけてできるだけ早く風船を逃がします。ぶつけかたによっては、せっかく出かかった風船が元に戻ってしまうので、コントロールが重要です。

レクの前に

- 同数ずつ2チームに分かれます。
- 床にロープで直径1.5mほどの円をつくり、その中心に風船を1つ置きます。2チーム分用意します。
- チームごとに円の周りに座り、手元に新聞紙を置いておきます。

準備するもの
- ロープ
- 風船かゴムボール
- 新聞紙

進め方

スタッフの合図で、新聞紙を丸めて風船にぶつけます。
先に風船を円の外に逃がしたチームの勝ちです。

中人数向け　準備多

ポイント
人数が多い場合は、玉を当ててもなかなか動かないゴムボールにすると、ゲームが長く続きやすくなります。

「もう一押しです！」
風船が円から完全に出られるよう、応援してあげましょう。

コミュニケーションUPの声かけ

人数：1チーム3〜4人×2チーム
時間：1セット5分
効果：握力、腕の運動、交流

スポーツレク㊵

44 悪代官ゲーム

時代劇によくあるワンシーンをゲームにしました。参加者が悪代官役、スタッフは腰元役の設定です。力を合わせてひもを引っ張ることで、チームワークが養われます。

レクの前に

- 同数ずつ2チームに分かれ、チーム内で並びを決めます。
- チームごとに縦一列に並んで座ります。
- スタッフの腰にひもをぐるぐる巻き付け、ひもの端を参加者が持ってスタンバイします。

準備するもの
- ひも（3cm幅ぐらいが目安）
※ハチマキを10本ほどつないでもOK

進め方

スタッフの合図で1番目の人がひもを引っ張り、伸びた分は後ろに送っていきます。スタッフは「あーれー」と言って、自ら回りましょう。スタッフのひもが先にほどけたチームの勝ちです。

ポイント
ひもを引っ張るのにちょうどよい間隔をとるのが大切。椅子を並べる際、スタッフが座ってみて調整しましょう。

「皆さん、今日は悪代官ですよ」
お芝居をするように、悪代官役になりきってもらいましょう。

コミュニケーションUPの声かけ

第2章 スポーツレク
㊸ 風船を逃がせ！／㊹ 悪代官ゲーム

中人数向け
準備少

87

スポーツレク㊶

45 鬼退治ゲーム

人数：1チーム5〜10人×2チーム
時間：15分
効果：手先・腕の運動、コントロール力

鬼をめがけて丸めた新聞紙をぶつけ、得点を競うゲームです。腕の運動になるほか、コントロール力の訓練にもなります。

レクの前に

- 赤チームと青チームに分かれ、チームごとに横に並べた椅子に座ります。
- 新聞紙をたくさん手元に置いておきます。
- スタッフが赤鬼、青鬼に扮し、頭、腕、お腹などに点数札をつけておきます。
- 200点分当たったら退治できるなど、点数を決めます。点数は人数によって加減します。

点数の目安

準備するもの
- 新聞紙
- 得点を書いた札
- 記録用のホワイトボードなど

進め方

1 赤鬼、青鬼に扮したスタッフが登場し、それぞれのチームの前方3mほどのところに立ちます。スタートの合図とともに、新聞紙を丸めて自分のチームの鬼にぶつけます。

２ 当たったところの得点をホワイトボードに書き留めておきます。

▶鬼は、どこに当たったかを記録係に伝えましょう。

３ より早く設定した点数を獲得して、鬼を退治したチームが勝ちです。

ポイント
得点の差があまり大きくなると、やる気をなくしてしまいます。負けそうなチームの鬼は、わざと当たりに行くなどして、僅差の勝負になるよう調整しましょう。

コミュニケーションUPの声かけ
「○○チーム、リーチです！」
鬼退治できる得点に近づいたことを知らせ、勝負を盛り上げましょう。

スポーツレク㊷

46 割り箸ジャラジャラポン！

人数：1チーム5人×2〜4チーム 時間：1セット5分 効果：手先・腕の運動、交流

ペットボトルから割り箸を振ってとり出すことで、腕の運動になります。また割り箸を戻し入れる動作では手先を使うので、認知症予防に効果的です。

レクの前に

- 5人ずつチームに分かれ、チームごとに横1列に椅子を配置して座ります。
- ペットボトルに割り箸を入れ、先頭の人が持ちます。

準備するもの
- 割り箸（チームに6本）
- 500mlペットボトル（チームに1つ）

進め方

1 スタッフの合図で、先頭の人がペットボトルを振って割り箸を出します。出てきた箸はスタッフが拾います。

うまく出てきましたね！

▶なかなか割り箸が出てこなくても、あせらずにやってもらいましょう。

② 空になったペットボトルを2番目の人に渡します。
2番目の人はスタッフから割り箸を受け取って、
今度はペットボトルのなかに戻します。

▶手に麻痺がある方には、スタッフが
サポートしましょう。

「今度は箸を入れてください」

③ 3番目の人が箸が入ったペットボトルを受け取り、❶〜❷を繰り返します。同様に行い、先に最後の人が終了したチームが勝ちです。

ポイント
箸を手でつかみ出すのではなく、振って出すのがルールです。参加者同士がもめないように、事前に説明しておきましょう。

コミュニケーションUPの声かけ

「逃がしてあげてください！」
「しまってください！」

箸を出すとき、入れるとき、それぞれ声かけをしましょう。

スポーツレク43

人数：1チーム5人×2〜4チーム
時間：1セット10分
効果：握力、交流

47 洗濯バサミリレー

洗濯バサミをつけたり外したりすることで握力が鍛えられます。また、協同作業なのでチーム力が養われます。

レクの前に

- 5人ずつチームに分かれ、チームごとに横1列に椅子を配置して座ります。
- タオルに1チーム5人分の洗濯バサミをつけておき、チームの先頭の人が持ちます。

準備するもの
- 洗濯バサミ（人数分）
- タオル（チームに1本）

進め方

1 スタッフの合図で、先頭の人は2番目の人にタオルを渡します。2番目の人がタオルを支え、先頭の人が片手で洗濯バサミを外します。

▶タオルにはあらかじめ人数分の洗濯バサミをつけておきます。

2 今度は2番目の人が3番目の人にタオルを渡し、同様に2人で協力して洗濯バサミを外します。

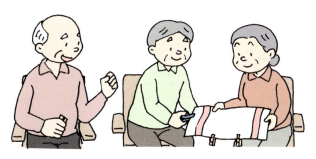

3 洗濯バサミが全部外れたら、今度は前に戻してつけ直します。

さあ、どっちが早いでしょうか？

4 先にすべての洗濯バサミをつけ終わったチームの勝ちです。

ポイント
小さな洗濯バサミにすると難易度が上がります。最初は大きなものを使い、慣れてきたら小さいものに変えるとよいでしょう。

コミュニケーションUPの声かけ
「負けちゃいますよ！早く渡して！」
あせらせて、勝負を盛り上げましょう。

スポーツレク㊹

人数：1チーム5人×2〜4チーム
時間：1セット5分
効果：腕の運動、交流

48 輪送りゲーム

1つの輪を棒から棒へ渡していきます。息を合わせないと、輪っかが落ちてしまいます。コミュニケーションが深まるゲームです。

レクの前に

- 5人ずつチームに分かれ、チームごとに横1列に椅子を配置して座ります。
- 棒に輪を引っ掛け、先頭の人が持ちます。

準備するもの
- 新聞紙でつくった棒（人数分）
- 新聞紙を棒状に丸め、さらに輪にしたもの（チームに1つ）

進め方

1 スタッフの合図で、先頭の人が輪を2番目の人の棒に移します。輪を落とさないように慎重に渡します。

▶棒がとなりの人にぶつからないように、スタッフは目を配っておきましょう。

② 同様に、2番目の人が3番目の人に輪を移していきます。

▶各チームの状況を実況すると、さらに盛り上がります。

③ 最後の人まで輪が行ったら、今度は前に戻していきます。先に輪を先頭まで戻したチームの勝ちです。

ポイント
椅子と椅子の間隔は30cmぐらいが目安です。狭くなるほど難易度が上がるので、慣れてきたら間隔を縮めていくとよいでしょう。

コミュニケーションUPの声かけ
「送って送って！」
負けそうなチームを応援してあげましょう。

第2章 スポーツレク
48 輪送りゲーム

大人数向け
準備 多

スポーツレク㊺

人数：1チーム5人×2〜4チーム 時間：1セット5分  効果：足の運動、手先の運動、交流

49 バトンリレー

徒競走リレーに見立てて、チーム内でバトンを送っていきます。椅子に座った状態ですが、足踏みするので脚力が鍛えられます。

レクの前に

- 5人ずつチームに分かれ、チームごとに縦1列に椅子を配置して座ります。
- 先頭の人がバトンを持ちます。

準備するもの
- バトン（チーム分）

進め方

1 スタッフの合図で、バトンを後ろの人に渡していきます。バトンを渡す前に5回足踏みをしてもらいます。

▶足踏みするときは数を数えてもらうとよいでしょう。

2 一番後ろまでバトンが来たら、今度は前にバトンを送っていきます。

3 先に先頭にバトンが戻ったチームの勝ちです。

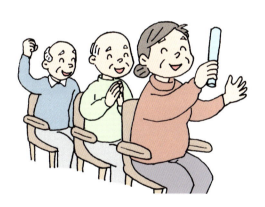

▶ 勝ち負けに関係なく、みんなの努力を褒め讃えて、気持ちよく終わりましょう。

ポイント
バトンを渡す際に、「はい！」と声を出すとタイミングよく渡せ、チームの一体感が生まれます。スタッフもいっしょに言いましょう。

コミュニケーションUPの声かけ
「走って、走って！」
本当に徒競走リレーをしているような臨場感を出しましょう。

第2章 スポーツレク ㊽ バトンリレー

大人数向け　準備少

スポーツレク㊻

人数：1チーム5人× 2〜4チーム
時間：1セット5分
効果：腕の運動、集中力、交流

50 一反木綿ゲーム

タオルの上に風船をのせ、チーム内でリレーしていきます。ふわふわする風船を落とさないように送るためには、集中力とチームワークが欠かせません。

レクの前に

- 5人ずつチームに分かれ、チームごとに横1列に椅子を配置して座ります。
- 全員タオルを広げて持ち、先頭の人は上に風船をのせておきます。

準備するもの
- タオル（人数分）
- 風船（チームに1つ）

進め方

1 スタッフの合図で、先頭の人が2番目の人に風船を送ります。

「落ちないようにしてくださいね」

98

2 同様に、２番目の人が３番目の人に風船を渡していきます。

▶片麻痺の方の場合は、スタッフがタオルの一方を支えて渡せるようにします。

3 最後の人まで風船が届いたら、今度は前に戻していきます。先に先頭まで風船を戻したチームの勝ちです。

ポイント
片麻痺のある方の場合は、スタッフがタオルのもう片端を持ってフォローしましょう。

コミュニケーションUPの声かけ
「逃げちゃいますよ！」
風船が落ちそうになったら知らせてあげましょう。

スポーツレク 47

51 椅子サッカー

人数：1チーム5人×2～4チーム
時間：1セット5分
効果：足の運動、交流、コントロール力

後ろから前にボールを送っていき、一番前の人がゴールにシュートします。シュート役は重責なので、交替で行うとよいでしょう。

レクの前に

- 5人ずつチームに分かれ、チームごとに縦1列に椅子を配置して座ります。
- 一番後ろの人は足元にボールを置いておきます。

準備するもの
- 段ボール箱でつくったゴール（チームに1個）
  ※みかん箱ぐらいの大きさ
- ゴムボール（チームに1個）

進め方

1 スタッフの合図で、ボールを蹴って前の人に送ります。2番目の人も同様に、3番目の人に送ります。

スタート！
はい、送ったよ！

② 先頭までボールがきたら、ゴールにシュートします。
入らなかったら、また一番後ろの人からやり直します。

注意！

車いすの方は横を向いて座っておきます。ボールが送られてきたら足でとめ、スタッフが車いすを前に向けたら、前に蹴ってもらいます。

③ 先にボールをゴールに入れたチームの勝ちです。

ポイント

慣れるまでは、椅子を横向きに配置し、横にパスをするようにしてもOKです。

コミュニケーションUPの声かけ

「みんなで協力してゴールしましょう」

チームワークを高めるような声かけをしましょう。

101

スポーツ
レク
㊽

人数：1チーム5人×2〜4チーム
時間：1セット5分
効果：肩・腕の運動、交流

52 大玉送り

ボールを頭の上から後ろの人に送っていきます。腕や肩の可動域を維持するのに効果的な運動です。チームワークが重要なので、交流も深まります。

レクの前に

- 5人ずつチームに分かれ、チームごとに縦1列に椅子を配置して座ります。
- 先頭の人はボールを持ちます。

準備するもの
- ゴムボール（チームに1個）

進め方

1 スタッフの合図で、先頭の人は頭の上からボールを2番目の人に渡します。

▶腕をあげるのが困難な参加者はバランスをくずしやすいので、スタッフは常に近くで見ておきましょう。

2 同様に、2番目の人が3番目の人にボールを送っていきます。

▶ ボールが渡しづらい場合は、スタッフが間に入って次の人に渡してもよいでしょう。

3 最後の人までボールが届いたら、今度は前に戻していきます。
先に先頭までボールを戻したチームの勝ちです。

注意！

無理に腕を高くあげようとすると、肩を傷める可能性があります。腕があがりづらい参加者がいる場合はスタッフが側につき、手を添えてボールを渡すようにしましょう。

ポイント
慣れてきたら小さいボールを使ってもOK。難易度がアップします。

コミュニケーションUPの声かけ
「はい！の合図で渡しましょう」
声を出すとタイミングが合い、また一体感が出て盛り上がります。

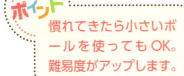

スポーツレク㊾

53 ピンポン玉送り

 人数：1チーム5人×2〜4チーム　 時間：1セット5分　効果：腕の運動、集中力、交流

お玉にのせたピンポン玉をチーム内でリレーしていきます。ピンポン玉を落とす可能性があるので、最後まで逆転のチャンスはおおいにあります。

レクの前に

- 5人ずつチームに分かれ、チームごとに横1列に椅子を配置して座ります。
- 全員お玉を持ち、先頭の人はピンポン玉を入れておきます。

準備するもの
- お玉（人数分）
- ピンポン玉（チームに1個）

進め方

スタッフの合図で、先頭の人はピンポン玉を次の人に送ります。2番目の人も同様に、3番目の人に送ります。先に最後の人までピンポン玉を送ったチームの勝ちです。

「よーい、始め！」

ポイント
お玉に慣れたら、レンゲや卓球のラケットなどに換えて難易度を上げていきましょう。

コミュニケーションUPの声かけ

「まだ挽回できますよ！」
負けそうなチームには応援の声かけをして、やる気を出してもらいましょう。

大人数向け／準備少

第3章

脳トレレク
（頭を使うレクリエーション）

ものを考えたり、言葉を思い出したりすることは、脳を活性化し、認知症予防につながります。ここでは、「思考系」「記憶系」のレクを用意しています。これまでの知識をつなげて推測したり、記憶をたどって解答を導くことで、頭の体操になります。

脳トレレク① 54 食材選び出しゲーム

人数：1チーム3～4人×2～3チーム
時間：1セット10分
効果：思考、想起、交流

料理をする感覚で、料理に使う食材を選びます。食べものから話題が広がり、コミュニケーションが深まります。生活感覚を取り戻すのにも役立ちます。

レクの前に

- 同数ずつチーム分けをします。
- テーマにする料理を決め、テーブルの上にはさまざまな食材をチーム分置いておきます。

料理の例）カレー、おでん、すきやき、焼きそば、チャーハン

準備するもの
- 食材（おもちゃか、画用紙でつくったもの）（20種類×チームの数分）
- ボウル（チームに1つずつ）

進め方

1 スタッフが料理名と、食材を何種類集めればよいかを伝えます。

テーマは"すきやき"です

② **参加者はその料理にふさわしい食材を選んでボウルに入れていきます。**

▶チーム内で相談しながら決めることで交流が深まります。

③ **先に食材をそろえたチームが勝ちです。すべてのチームが完成させたら、お互いの食材を比べ合ってみましょう。**

ポイント
料理については女性のほうが詳しいことが多いので、チーム分けをする際には男性と女性の混合チームになるよう配慮しましょう。

コミュニケーションUPの声かけ
「どれもおいしそうですね」
ゲームの終わりには、どんな食材を選んだか比べ合いましょう。食べ物の話題を広げてもよいでしょう。

脳トレレク ②

55 買い物推理ゲーム

👤 人数：2〜5人　🕐 時間：10分　❤️ 効果：想起、思考、交流

使う食材を聞いて、どんな料理かを当てます。推理力が必要とされるほか、生活の感覚が蘇り、認知症予防に効果的です。

レクの前に

- クイズにする料理を考えておきます。
  例）カレー、シチュー、焼きそば、おでん、すき焼き

進め方

1 スタッフから「○○と××を買いました」「今日は何の料理でしょう？」と出題します。

じゃがいも、にんじん、肉を買いました
さて、何の料理でしょう？

▶ 始めはわかりやすい食材から言っていきましょう。

2 わかった人は手を挙げて答えます。

▶味付けや手順からヒントを出しましょう。

3 最後に、どんな料理が得意だったかなど、話題を広げてもよいでしょう。

▶参加者の料理の話を参考に、料理レクに活かしてもよいでしょう。

出題する料理は誰もがよく知っているものにしましょう。なかなか答えが出てこない場合は、味付けや手順などをヒントにしてもよいでしょう。

「さすが ベテラン主婦ですね！」
当てられた人には賞賛の声を。男性には「お料理が得意なんですね」と声かけしましょう。

脳トレ レク ③

56 具材を賭けてジャンケンポン！

人数：1チーム2〜5人 ×2チーム
時間：15分
効果：思考、交流

具材のカードを集めて、鍋料理をつくります。おいしそうな鍋が完成したほうが勝ち。チーム内で協力しながらカードを集めるので、コミュニケーションが深まります。

レクの前に

- 同数ずつ2チームに分かれ、カードを取る順番を決めておきます。
- 具材カードをテーブルの上に並べておきます。

準備するもの
- 鍋の具材を描いたカード 20種類ぐらい
  例）牛肉、しらたき、白菜、ねぎ、白身魚

進め方

1 1番目の人がジャンケンをし、勝ったほうが先に好きなカードを取ります。次に負けたほうが取ります。

さあ、何の食材でしょうかね

② **2番目以降の人も同様にジャンケンをしていき、全員がカードを取るまで行います。**

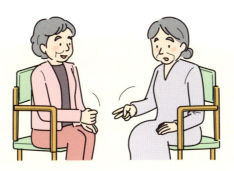

③ **最後に、それぞれのチームが集めた具材を見て、どちらがおいしそうな鍋ができたか比べ合いましょう。**

どっちの鍋がおいしそうでしょうか

ポイント
バナナ、チョコレート、梅干しなど、鍋には入れないような具材のカードもつくっておくと盛り上がります。またカードを伏せて行うと「闇鍋」が楽しめます。

「いい具材が取れましたね」
鍋に向く具材が取れたら、楽しそうに声をかけましょう。

コミュニケーションUPの声かけ

第3章 脳トレレク

56 具材を賭けてジャンケンポン！

思考系

準備 多

57 後出しじゃんけんゲーム

脳トレレク④

人数：2〜10人　時間：10分　効果：判断力、瞬発力

運の要素が強い普通のじゃんけんと違い、とっさの判断力が試されるじゃんけんです。瞬発力も必要となります。

レクの前に
- 参加者が横並びになり、スタッフはその前に立ちます。
- ゲームのルールをよく説明しておきます。

進め方

① 「じゃんけん」と言いながら、スタッフがグー、チョキ、パーいずれかを出します。
同時に、「勝って（負けて）ください」と指示をします。

▶スタッフは指示をはっきりした声で言いましょう。

② 参加者はそれに見合うじゃんけんを出します。

③ テンポを速めたりして、10分くらい続けたら終了しましょう。

▶間違ったら、ユーモアをまじえて声かけでフォローしましょう。

ポイント
慣れてきたらじゃんけんを出すタイミングを早めるなど、難易度を上げます。勝ち抜き戦にしてもOKです。

コミュニケーションUPの声かけ
「だんだん速くなります。がんばってください！」
最後までもちこたえるには持久力がいります。声援を送りましょう。

脳トレ レク ⑤

人数：2〜5人　時間：15〜30分　効果：想起、思考、理解力、腕の運動

58 拡大カルタ取り

カルタ取りは多くの人が子どもの頃に経験のある遊びです。また絵を見ながらことわざを思い出す過程でも記憶力が刺激されます。

レクの前に

- カルタの絵札を床に広げ、それを囲むように輪になって座ります。
- 参加者はそれぞれお手玉をもちます。

準備するもの
- いろはカルタ
- お手玉（人数分）

カルタの準備

A3サイズにコピーした絵札
貼り付ける
厚紙

進め方

1 スタッフが読み札を読み上げます。

犬も歩けば棒に当たる

② **絵札を見つけたら、手で取るかわりにお手玉を当てます。
お手玉が当たらなければお手つきとなります。**

③ **絵札がなくなったら終了です。
いちばん多く絵札を取れた人の優勝です。**

ぶたに真珠
当たったわ

ポイント
聞き取りにくい参加者もいます。スタッフは読み札を読むときは大きな声でゆっくりと読みましょう。

コミュニケーションUPの声かけ
「○○さん、読んでみてください」
交替で、参加者に読み札を読んでもらってもいいでしょう。

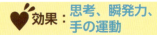

人数：2〜5人×3組　時間：1セット5分　効果：思考、瞬発力、手の運動

59 色カルタ取り

ものの色と名称を結びつけ、ふさわしいカードを取っていきます。さまざまなものの形や色を思い浮かべる必要があるため、イメージする力が鍛えられます。

レクの前に

- アイテムカードを床に並べ、それを囲むように座ります。
- それぞれ1つずつお手玉を持ちます。

準備するもの
- アイテムカード（A4サイズ）十数枚
- 色カード（赤、黄、緑、青、白の色画用紙）
- お手玉（人数分）

アイテムカードの準備

アイテムの名称を書く　A4用紙
貼り付ける　厚紙

アイテムカードの例）消防車、りんご、レモン、など、色のイメージがはっきりしているものを選ぶ

進め方

1 スタッフが色カードを提示します。

この色のカードを選んでください

② 参加者はその色に対応するアイテムカードにお手玉を投げ、取っていきます。当たらなかったらお手つきとなります。

③ カードがなくなったら終了です。たくさんカードを取れた人の勝ちです。

ポイント
例えば赤のカードには、りんごや消防車など、対応するカードが複数あることも。すべてが取られてから、次の問題を出します。

「赤いもの、ほかにないですか？」
残っているカードがあったらヒントを出しましょう。

コミュニケーションUPの声かけ

第3章 脳トレレク
59 色カルタ取り

思考系
準備多

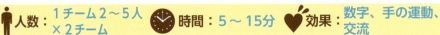

脳トレレク❼

60 数字取りゲーム

ランダムに置かれた数字カードを、順番通りに集めていくゲームです。チーム戦では参加者同士の協力が不可欠なので、交流を深めるのに役立ちます。

レクの前に

- 同数ずつ2チームに分かれます。
- 数字を書いたカードをテーブルの上にランダムに並べておきます。

準備するもの
- 1～30までのカード2組

進め方

1 スタッフの合図で、1から順にカードを取っていきます。

では、スタートしてください！

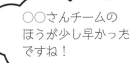 **30まで先に取れたチームの勝ちです。**

 **5回戦ほど行ったら、終了しましょう。**

ポイント
チームのなかの、誰が取っても構いません。協力しあって順番にカードを取っていきましょう。

「○○チーム、速いですね！」
試合の状況をアナウンスして盛り上げましょう。

コミュニケーションUPの声かけ

脳トレ レク ⑧

人数：1チーム3人× 2チーム　時間：10分　効果：数字、思考、記憶力

61 数字揃えゲーム

数に関する問題を当てるクイズです。正解が答えられ、なおかつチームの意見が揃っているとパーフェクト。

レクの前に

- 2チームに分かれます。
- 数字が答えになるような問題を用意しておきます。
  例）計算問題、スポーツの人数、日付、時計などの品物が室内にいくつあるか

準備するもの
- 0～9の数字を書いたカード（人数分）

進め方

1 スタッフから問題を出します。
それぞれが答えだと思う数字カードを挙げます。

2 同じ数字が多かったチームの勝ちです。

3 何問か続け、10分程度経ったら終了にしましょう。

問題例
- 野球の1チームの人数は？（答え：9人）
- こどもの日は5月何日？（答え：5日）
- 前回の東京オリンピックは196◯年？（答え：4年）
- 長嶋茂雄の選手時代の背番号は？（答え：3番 ※監督時代は33番）

時々、難しい問題を入れると盛り上がります

ポイント
答えが0になるような問題も混ぜておくと、間違えやすくなり、勝負が盛り上がります。

コミュニケーションUPの声かけ
「皆さん揃ってきましたね！」
全員で同じ数字を出せたら大成功です。

第3章 脳トレレク
61 数字揃えゲーム

思考系
準備 多

脳トレレク⑨ 62 クイズ 私は誰でしょう？

人数：2～10人　時間：5～10分　効果：想起、発想力、思考

身近にある道具でさまざまな職業の人に扮し、参加者に当ててもらうゲームです。社会生活を思い起こすきっかけになり、脳が活性化されます。

レクの前に

- ものまねをするスタッフはどんな職業をまねするか考えておきます。
  例）駅員、運転手、ラーメン屋、寿司職人、魚屋、アスリート

準備するもの
- 職業を象徴するアイテム 10 種類ほど（帽子、ざるなど身近にあるもので OK）

進め方

1 スタッフがある職業を示すものまねをします。

「さて、何の職業でしょう？」

▶最初は動きだけで考えてもらいましょう。

❷ わかった人から手を挙げて答えます。

▶ 間違ったら「食べ物系です」など、ヒントを伝えましょう。

❸ 10問ほど行ったら、終了しましょう。
参加者の以前の職業を聞いて、話を広げてもよいでしょう。

ポイント
ものまねをするときは、動作をおおげさにしたほうが伝わりやすくなります。

「近いです！」
「ヒントは…」
なかなか当てられない場合はヒントを出しましょう。

コミュニケーションUPの声かけ

第3章 脳トレレク

❻ クイズ私は誰でしょう?

思考系

準備 多

人数：2〜10人	時間：1セット 2分	効果：発想力、思考、交流

脳トレ レク ⑩

63 ジェスチャー ゲーム

ジェスチャーを当てるゲームです。さまざまなことを連想するので脳が刺激されます。慣れてきたら、参加者自身にもジェスチャーに挑戦してもらいましょう。

レクの前に

- ジェスチャーにするテーマをいくつか考えておきます。

  例）動物、生活の動作、スポーツ

進め方

1 スタッフがジェスチャーをします。
わかったら手を挙げて答えます。

さて、何の動きでしょうか？

124

2 正解なら、次の問題を出します。
参加者自身にジェスチャーをしてもらってもよいでしょう。

3 2分の制限時間内に、たくさん答えられた人の勝ちです。

▶ジェスチャーがわかりにくい場合は、上記のように、出題者に質問をしてヒントを出してもらいましょう。

ポイント
人数が多い場合は、チーム戦にしてもOK。何のジェスチャーか、チーム内で話し合って答えてもらいます。

「ヒントは、木に登る動物です」
当たらない場合は、ヒントを出してあげましょう。

コミュニケーションUPの声かけ

脳トレ レク⓫

64

人数：2〜10人　時間：10分　効果：想像力、思考、手先の感覚

箱の中身はなんでしょう？

箱のなかのものを当てるゲームです。日頃から慣れ親しんでいるものでも、触っただけでは意外にわかりにくいもの。手の感覚や、頭がフルに使われます。

レクの前に

- 参加者の間で順番を決めておきます。
- 段ボールと待機席をセットします。待機している人に段ボールの中身が見えるような位置にします。

準備するもの
- 調理器具やおもちゃ、人形など、身のまわりのもの（人数分）
- 段ボール箱
- 布

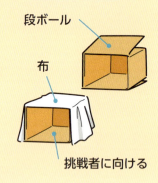

段ボールの準備
段ボール
布
挑戦者に向ける

進め方

1 1番目に挑戦する人は、挑戦者席に移ります。スタッフは挑戦者に見えないように、箱のなかにものを入れます。

今、何かを入れましたよ

▶挑戦者に見えない位置で、箱にアイテムを入れ、布をかぶせます。

② **挑戦者は手を入れて形を探り、何が入っているか、まずはノーヒントで答えます。なかなか当たらない場合は、待機している人からヒントを出してもらいます。**

▶待機している人はヒントを出してあげます。

③ **正しい答えが出たら、2番目の人に交替して同様に行います。最後の人まで行ったら終了です。**

ポイント
どこで使う物なのか、どんな色かなどのヒントを出して、みんなが正解を答えられるようにします。

コミュニケーションUPの声かけ

「ヒントは、木に登る動物です」
正解を答えられたら、箱の中身を出して見せてあげます。

脳トレレク⑫

65 何が落ちたかゲーム

人数：1〜10人　時間：10分　効果：判断力、瞬発力、発声、上半身・腕の運動

その都度テーマにふさわしいポーズをとります。頭の体操にもなりますが、歌ったり、体を動かしたりと、さまざまな機能が鍛えられるゲームです。

レクの前に

- 言葉に対応するポーズを、事前に参加者に説明しておきます。

かみなり→おへそを隠す

りんご→手ですくう

天井→頭を隠す

進め方

1 全員で「落ちた、落ちた、何が落ちた」と歌います。

「落ーちた、落ちた、なーにが落ちた」

2 スタッフが「かみなり」「りんご」「天井」など、その都度変えて言っていきます。
参加者は、すばやくふさわしいポーズをとります。

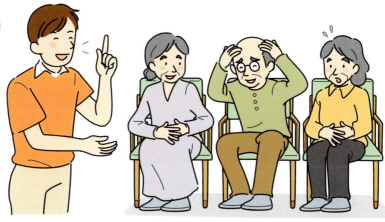

▶スタッフの言葉で、いっせいにポーズをとります。

3 何回か繰り返して終了にします。

「みなさんの反射神経はかみなりのように早かったですね！」

▶ユーモラスな声かけで次のゲームにつなげましょう。

ポイント
ときどき「ぼたもち！」と言ってフェイントをかけます。大きな口をあけて食べるまねをし、笑いをとりましょう。

コミュニケーションUPの声かけ
「おへそを取られますよ！」
間違ったポーズをとったら、ユーモラスに指摘しましょう。

第3章 脳トレレク
65 何が落ちたかゲーム

思考系
準備無

66 ドンパンゲーム

脳トレレク⑬

瞬発力がおおいに鍛えられるゲームです。どんな丼ものがあるか、また丼以外のドンを考えるなど、発想を働かせる必要もあり、総合的に頭が使われます。

レクの前に

- 輪になって座り、一番手を決めておきます。

進め方

1. 1番目の人が「ドンパンドンパンドンパンパン、牛丼！」などと、丼ものの名前を言い、全員で手を2回叩きます。

▶リズムよく手を叩きましょう。

2 2番目以降の人も同様に、順に言っていきます。
たまに「よーいドン」「布団」などと、丼もの以外のドン（トン）を言います。そのときは手を叩いてはいけません。

▶丼もの以外の「ドン」のときは、手を叩きません。

3 何巡かするまで行い、10分程度で終了しましょう。

ポイント
最初はゆっくりのスピードで行います。慣れてきたら、徐々にペースアップをしていきましょう。

コミュニケーションUPの声かけ
「ドンパン ドンパン〜」
参加者がリズムにのれるよう、ハキハキした声でリズムをつくりましょう。

脳トレレク⑭

67 早口言葉当てゲーム

人数：2～10人　時間：約15分　効果：思考、記憶力、発声、口の運動

早口言葉を唱えるときは、口を大きくあけてはっきりとしゃべる必要があります。これにより口の筋肉が鍛えられ、ものを食べるなどの基本的な機能を維持・強化できます。

レクの前に

- クイズにする早口言葉をいくつか決めておきます。
  例）生麦生米生卵、となりの客はよく柿食う客だ、庭には2羽のにわとりがいました

進め方

1. スタッフが「麦」「客」「にわとり」などと問題を出します。

「麦のつく早口言葉を言ってみてください」

② 対応する早口言葉がわかったら手を挙げて答えます。

③ 参加者全員でその早口言葉を唱えます。何問か続け、様子を見て切りのいいところ（15分目安）で終了にします。

ポイント
このレクには、発声しやすくなったり、ものが飲み込みやすくなるなどの効果があります。事前に説明しておくと、参加者のやる気がアップします。

コミュニケーションUPの声かけ

「せーので唱えましょう」
正解が出たら、全員で早口言葉を3回繰り返します。

脳トレ
レク
⑮

68 ことわざ当てゲーム

人数：2〜10人　時間：15分　効果：思考、記憶力、発声

もともと知っている言葉でも、条件をつけて出題されるとなかなか浮かびにくいものです。何とか思い出そうと連想を巡らすほど、頭がフルに使われます。

レクの前に

- クイズの問題をいくつか考えておきます。
  例）動物が入っていることわざ、風景が入っていることわざ、体の部分が入っていることわざ

進め方

1 スタッフが「動物が入っていることわざは？」などと出題します。

② わかったら手を挙げて答えます。

③ スタッフはさらにことわざの意味を聞くなど、話題をふくらませましょう。

ことわざ例

- 猿も木から落ちる
- 猫に小判
- 猫の手も借りたい
- 捕らぬ狸の皮算用
- 鳶が鷹を生む
- 馬の耳に念仏
- 虎の威を借る狐
- 窮鼠、猫を噛む
- 二兎追う者は一兎をも得ず

ポイント
答えがなかなか出なかったら、ことわざの意味を伝えるなどヒントを出しましょう。

コミュニケーションUPの声かけ
「難しいことわざですね」
参加者には、難しい言葉を知っている人も多くいます。意味を教えてもらいましょう。

脳トレ レク ⑯

69 レッツ きき鼻クイズ

高齢になるほど、嗅覚も鈍くなっていきます。ですが、「何の匂いだろう？」と意識しながら匂い（臭い）をかぐ訓練を続けることで、嗅覚が鍛えられ、同時に脳も刺激されます。

レクの前に

- 匂いのあるものをコップに入れ、テーブルにセットします。
- 参加者のなかで順番を決めておきます。

準備するもの
- 目隠し（はちまきなど）
- 底が浅いコップ
- 匂いのはっきりしているもの
  例）コーヒー、レモン汁、にんにく

進め方

1 1番目の人は目隠しをし、コップの中身の匂いをかぎます。

▶スタッフが手で目隠しをしても OK です。

② わかるまでかいだら、2番目の人に交替します。
以降も同様に目隠しをして匂いをかぎます。

③ 全員が挑戦したら、それぞれに答えてもらいます。
最後に正解を明かしましょう。

第3章 脳トレレク
69 レッツきき鼻クイズ

思考系
準備 多

注意！
あまり刺激の強い匂いのものを使うと、むせ込んでしまう危険があります。スタッフが事前に試し、安全なものを使いましょう。

コミュニケーションUPの声かけ
「○○のようないい匂いがしませんか？」
匂いを感じにくい人には、言葉でイメージを呼び起こしてあげます。

137

脳トレレク⑰

70 コップ DE 宝探し

人数：2～10人　時間：1セット 1分×5回　効果：思考、記憶力、手の運動

1分間勝負で、できるだけ多くの「当たり」コップを見つけます。トランプの「神経衰弱」のように、すでに中身を見たコップを覚えておく必要があります。

レクの前に

- 半数ぐらいの紙コップには、内側に鉛筆で「当たり」と書きます。何も書いてないものははずれです。
- 当たりとはずれを混ぜ合わせ、テーブルにランダムに並べておきます。

準備するもの
- 紙コップ20個ぐらい
※人数によって加減

進め方

1. スタッフの合図で、紙コップを持ち上げて中身を見ます。当たりが出たら取っておき、はずれは元通り伏せます。

2 次々に紙コップを持ち上げていき、
1分の時間制限内により多く当たりを見つけた人が勝ちです。

3 5回戦ほど行ったら、終了しましょう。
合計で多く取った人の勝ちです。

ポイント
紙コップのなかにおはじきを何個か入れておき、おはじきを何個集められたかを競うゲームにアレンジしてもOKです。

コミュニケーションUPの声かけ
「すごくいい勝負ですね」
勝負事ではやる気がアップします。応援して盛り上げましょう。

71 両手DEお絵描き

左右の手で同じ図形を描きます。利き手でないほうを使うことにより、普段使われない手の機能や脳が刺激され、認知症予防にもつながります。

レクの前に

- 参加者のなかで順番を決めておきます。
- 出題する図形を考えておきます。
  例）四角形、三角形など、簡単な図形

準備するもの
- ホワイトボード
- 見本の図形

進め方

1. スタッフがお手本となる図を描きます。
   1番目の人から順に、左右の手それぞれで、同じ図を描きます。

② 描けたら、次の人に交替します。

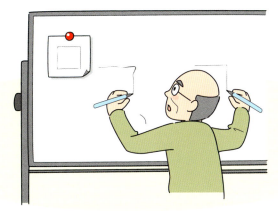

③ 全員が描いたら終了です。
慣れてきたら、左右で違う図形を描くなど、難易度を上げても OK。

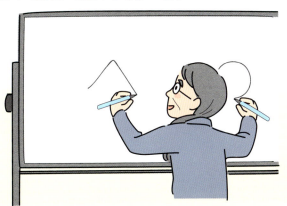

注意！

車いすの方やホワイトボードに描くのが難しい方には、スケッチブックを用意します。描く間はスタッフがスケッチブックを支えましょう。

お手本となる図はわかりやすいよう、黒いマジックで濃くはっきりと描くのがポイントです。

「芸術的ですね！」
うまく描けない場合もポジティブに表現してあげましょう。

脳トレレク⑲

72 風船DE文字当てゲーム

人数：2～10人　時間：10分　効果：集中力、動体視力

風船が床に落ちるまでの間に、風船に書かれている文字を読み取るゲームです。文字は大きく、はっきり書いておくことがポイントです。

レクの前に

- 風船をいくつか、ふくらませておきます。
- 参加者は風船が見えやすい位置に座ります。

準備するもの
- 風船
- 黒のマジック

進め方

1. スタッフは参加者から見えないよう、風船にマジックで大きく文字を書きます。合図と同時に風船を飛ばします。

2 床に落ちるまでの間に、書いてある文字を読み取ります。

3 わかった人は手を挙げて答えます。

4 10分程度続けたら、終了します。
風船の文字をつなげて、言葉あそびをしてもよいでしょう。

ポイント
座る位置によっては文字が見えない場合もあります。風船の向きを変えて、2、3回繰り返すとよいでしょう。

「よく見ておいてくださいね」
風船が落ちるまでは一瞬。集中して見てもらうように、声かけをしましょう。

脳トレレク⑳

人数：2人1組×2〜4組
時間：5分
効果：計算、手先の運動、交流

73 石取りゲーム

ツルツル滑る碁石を、しゃもじですくいます。手の感覚が鍛えられるほか、計算する力もアップします。

レクの前に

- 2人1組になります。
- 挑戦する順番を決めておきます。

準備するもの
- 碁石
- 碁石の容器
- しゃもじ
- 記録用のホワイトボード

進め方

それぞれがしゃもじで碁石をすくい、2人ですくえた碁石の数を足してホワイトボードに記録します。多くすくえたペアの勝ちです。

なかなか難しいなぁ

思考系
準備多

ポイント
しゃもじを使いにくい方の場合は、お玉やスプーンを使ってもらいましょう。

「たくさんすくえましたね」
簡単な動作を行うのにも、褒められるとやる気がアップします。

コミュニケーションUPの声かけ

人数：1～5人　時間：1セット5分　効果：図形認識、思考、手先の運動

脳トレレク㉑

74 ワキワキパズル

ジグソーパズルのように、バラバラになったピースを組み合わせて絵を完成させます。ピースを大きめにするか、細かくするか、参加者によって調節しましょう。

レクの前に

- 2枚の同じ絵のうち1枚を9等分あるいは4等分などにカットします。
- カットしたほうはバラバラにしてテーブルに置きます。

準備するもの
- A4サイズの絵2枚（人数分）

進め方

見本の絵を置き、その上にジグソーパズルの要領でバラバラの絵を当てはめていき、完成させます。

ここかな…

ポイント
インターネットなどで画像をダウンロードして使うと簡単です。あまり込み入った画像だと難易度が高くなるので、シンプルなものを選びましょう。

コミュニケーションUPの声かけ
「きれいな絵が完成しましたね！」
絵ができあがったときの達成感をみんなで味わいましょう。

第3章 脳トレレク
73 石取りゲーム／74 ワキワキパズル
思考系
準備多

145

脳トレレク㉒

75 かぶっちゃだめよゲーム

人数：1チーム2～4人 × 3チーム
時間：15分
効果：連想、思考、交流

野菜に関するクイズですが、他のチームと違う答えを出すのがポイント。チームで話し合って考えるので、コミュニケーションが深まります。

レクの前に

- 同数ずつチームに分かれます。
- チームに1組ずつ野菜カードを配っておきます。

準備するもの
- いろいろな野菜の絵を描いたカード

進め方

スタッフから野菜に関する質問を出します。各チーム内で話し合い、他のチームとかぶらないようなカードを出します。同じ答えが出たら1点マイナス。10問ほど行い、一番点数の高いチームが勝ちです。

緑色の野菜は？

ポイント
「漬け物にする野菜」「天ぷらにするとおいしい野菜」など、質問内容を変えましょう。

コミュニケーションUPの声かけ

「同じことを考えましたね」
同じ答えが出るのも気が合う証拠です。

思考系
準備多

脳トレレク㉓ 76 チラシ DE パズル

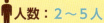 人数：2〜5人　 時間：15分　 効果：想起、思考、記憶力

主に女性が参加されることが多いゲーム。皆さんかつては主婦として家計を切り盛りしていたかもしれません。そういった生活感覚を取り戻すのに最適なレクです。

レクの前に

- チラシをカットして、商品だけのカード、値段だけのカードを5種類つくります。
- 商品と値段の組み合わせは答え合わせのためにメモしておきます。

準備するもの
- スーパーなどのチラシ

進め方

商品のカードに対して、値段カードのなかから適するものを選んでいきます。

ポイント
問題には、食材や雑貨など、身近な商品で、わかりやすい値段のものを選ぶとよいでしょう。

コミュニケーションUPの声かけ
「買い物の勘が戻ってきましたね」
成績のよい人には優れた買い物感覚を賞賛しましょう。

147

脳トレ
レク
㉔

 人数：5〜10人　 時間：5〜10分　♥効果：記憶力、思考、手先の運動

77 絵しりとりゲーム

言葉を使わずに、絵だけでしりとりをしていきます。絵が上手でなければ、途中で脱線してしまうかもしれません。それもまた楽しめるゲームです。

レクの前に

- 参加者のなかで、しりとりをする順番を決めておきます。

準備するもの
- スケッチブック
- 筆記用具

進め方

1 1番目の人から、言葉を使わず絵でしりとりしていきます。

▶絵の苦手な参加者もいるので、スタッフは配慮するようにしましょう。

2番目の人はスケッチブックを受け取り、同様に絵を描きます。

3 **最後に絵を見ながら答え合わせをしましょう。**

▶ できあがった絵をしりとりの順に並べて眺めてみるとより楽しめます。

ポイント
絵が描けない方の場合は、スタッフが代わりに描いてもOKです。

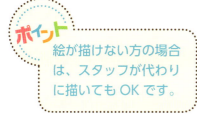

コミュニケーションUPの声かけ

「これは何でしょうか？」
なかには何を表現しているかわからない絵も。これもご愛嬌です。

78 ビッグクロスワード

人数：2〜10人　時間：20〜30分　効果：連想、思考、記憶

一人で楽しむクロスワードですが、拡大すれば大勢が参加できるクイズになります。すべてのマスを埋める達成感を、みんなで味わいましょう。

レクの前に

- クロスワードをホワイトボードに貼っておきます。
- 参加者はホワイトボードが見えやすい位置に座ります。

準備するもの

- 模造紙サイズのクロスワード
- ホワイトボード

進め方

1 スタッフがクロスワードの問題を読み上げます。

❷ 答えがわかった人は手を挙げて答えます。

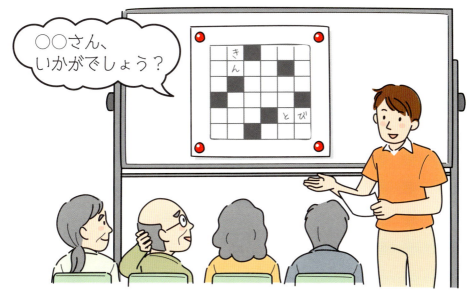

▶スタッフから指名して答えてもらっても OK です。

❸ クロスワードを最後まで埋めたら終了です。

ポイント
問題が難しい場合もあるので、その都度スタッフからヒントを付け加えましょう。

コミュニケーション UP の 声かけ

「○○さん、わかりますか？」
なるべくみんなに答えてもらえるよう、スタッフが誘導しましょう。

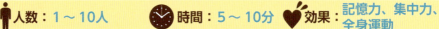

79 記憶力体操

全身の運動になるほか、動作を覚えておく必要があるので、記憶力が鍛えられます。また、2つ以上のことを同時に行うため、脳が大いに刺激されます。

レクの前に

- 体操の動作を4～5パターンほど考えておきます。
  例）右手を挙げる、左手を挙げる、両手を挙げる、胸の前で手を叩く、足を広げる

進め方

1. スタッフが参加者の前に立ち、1つめの動作をします。参加者はスタッフのまねをして、同じ動作をします。

▶1つめの動作はわかりやすいものからにするとよいでしょう。

② 今度は1つめのものに加え、2つめの動作を行います。

③ 同様に少しずつ動作を増やしていきます。
全部の動作が続けてできるようになったら終了です。

ポイント
レクを始める前に、動作を一つずつ説明しながら練習しておきましょう。

「よーく見ていてください」
途中でわからなくなってしまいがち。集中してもらいましょう。

コミュニケーションUPの**声かけ**

人数：1チーム5人×3チーム　時間：15分　効果：記憶力、回想、交流

80 あの頃わたしは…

学生時代、社会人になった頃など、過去の記憶を思い起こしてもらいます。体験を話すことで脳への刺激になるほか、参加者同士のコミュニケーションも深まります。

レクの前に

- 5人ずつチームに分かれます。
- 話題のテーマを10問ほど考えておきます。
  例）職業、学生時代に流行った歌、出身地、思い出の映画など

準備するもの
- 話題のテーマを書いたカード

進め方

1 各チームはテーブルを囲むように座ります。話題カードを1枚ずつめくり、出たテーマについてチームで話し合います。

▶事前にカードをめくる順番を決めておくとスムーズです。

② 話がつきたら、それぞれ次のカードを引いてもらいます。

▶ 話が盛り上がっている場合は、無理にゲームを進めなくてOKです。

③ 様子を見て、切りのよいところ（15分程度）で終了にします。

こんなこともあったよ

注意！

人によっては答えたくない質問もあるものです。その場合はスタッフが間に入り、話題をそらしましょう。

ポイント
BGMに過去のヒット曲などを流してもよいでしょう。会話もはずみやすく、また、曲が記憶を刺激する効果もあります。

「私にも教えてください」
戦争の記憶などが話題になる場合もあります。スタッフも積極的に教えてもらいましょう。

コミュニケーションUPの声かけ

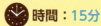 人数：2〜10人　 時間：15分　効果：記憶力、思考、手の運動

81 連想漢字クイズ

熟語として知っている言葉でも、1文字ずつ分解するとなかなか思い出せなくなります。1文字からできるだけ多くの熟語を連想することで、頭がおおいに使われます。

レクの前に

- 出題する漢字を10問分ぐらい決めておきます。
 例）言、問、思、人、食、生、文、内、技、事

準備するもの
- ホワイトボード
- 筆記用具
- メモ用紙

進め方

1 スタッフがホワイトボードに漢字を1字書きます。

この漢字のつく熟語を教えてください

② **参加者は、その漢字を使っている熟語を挙げていきます。スタッフはそれを書き留めておきましょう。**

▶考えついた熟語を書き留めておきましょう。

③ **出なくなったら次の問題を出します。すべての問題を出し終えたら終了です。**

ポイント
チーム戦にするとより盛り上がります。答えを紙に書き出していき、いずれが多くの熟語を考えられたかを競います。

コミュニケーションUPの声かけ
「その熟語がありましたね！」
なかなか考えつかないような熟語が出たら、ファインプレーを褒め称えましょう。

脳トレレク㉙

人数：2〜10人　時間：15分　効果：記憶力、思考、手の運動

82 漢字部首クイズ

その名の通り、部首から漢字を当てていくクイズ。記憶がおぼろげな漢字も、連想などを働かせながら何とか思い出そうとする過程で、脳が活発に働きます。

レクの前に

- 問題をいくつか考えておきます。
  例）木へん、さんずい、にんべん、魚へん、鳥へん

準備するもの
- ホワイトボード

進め方

1. スタッフがホワイトボードに部首を書き出します。

② わかった人から、その部首を使った漢字をできるだけ多く答えていきます。

③ 15分程度続けたら、終了しましょう。

木へんの漢字例

柿（かき）	桧（ひのき）	桂（かつら）	桃（もも）	桐（きり）	椚（くぬぎ）
椎（しい）	楓（かえで）	樺（かば）	榎（えのき）	樫（かし）	林（はやし）
枝（えだ）	杖（つえ）	杭（くい）	板（いた）	札（ふだ）	机（つくえ）
枕（まくら）	柵（さく）	柱（はしら）	核（かく）	桶（おけ）	棚（たな）

ポイント

なかなか出てこない場合は、2〜3画目まで書くなど答えが出やすいヒントを出しましょう。

コミュニケーションUPの声かけ

「難しい漢字が出ました！」

誰も知らないような漢字が出てきたら、説明してもらい、みんなで褒め称えましょう。

| 👤 人数：2〜10人 | 🕐 時間：10分 | ❤ 効果：記憶力、思考 |

脳トレ レク㉚

83

難読漢字読み当てゲーム

「なぜこう読むの？」と首をひねるような漢字もありますが、意味がわかると納得することも。新しい知識を増やすことで、脳の刺激になります。

レクの前に

- 珍名や読み方が難しい漢字など、問題を10問ほど用意しておきます。

  例）如月（きさらぎ）、東雲（しののめ）、四月一日（わたぬき）

準備するもの
- ホワイトボード

進め方

1 スタッフはホワイトボードに問題を書き、「何と読むでしょう？」と質問します。

これは何と読みますか？

四月一日

160

2 わかった人は手を挙げて答えます。
スタッフはさらに言葉の意味を聞いてみましょう。

3 10分後程度続けたら、終了しましょう。

▶効果的なまとめの言葉で次のゲームにつなげましょう。

ポイント
地域によって、珍しい名字もあります。問題を考える際には、「珍名」「読み方が難しい漢字」などをインターネットで検索するとよいでしょう。

コミュニケーションUPの声かけ
「意味はわかりますか？」
漢字の意味まで添えて話してもらうと、話題が広がります。

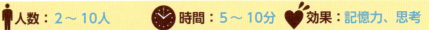

人数：2〜10人　　時間：5〜10分　　効果：記憶力、思考

脳トレレク㉛

84 万国旗クイズ

さまざまな国旗を見て、どこの国のものかを当ててもらいます。その国の歴史などについて話題が広がり、社会に対する興味をもってもらうきっかけにもなります。

レクの前に

- 10問ほど国旗を選び、その国の予備知識を得ておきます。

  例）イギリス、イタリア、中国、インド、ロシア、フランス、オーストラリア、アメリカ、韓国、カナダ

準備するもの

- 国旗をプリントアウトしたもの

進め方

1. スタッフは参加者に国旗を見せ、「どこの国旗ですか？」と質問します。

どこの国旗でしょう？

2 わかった人から手を挙げて答えます。

3 正解が出たら、国旗の意味やその国の歴史などについて話題を広げるとよいでしょう。

国旗例

 イギリス
 イタリア
 中国
 インド
 ロシア
 オーストラリア
 アメリカ
 韓国
 カナダ
 ブラジル

ポイント
よく知られている国旗を選びます。答えがなかなか出てこない場合は、その国で有名な物事や人物などをヒントに出しましょう。

「この国旗の意味は…」
国旗の色やマークなどに意味が込められている場合も。ヒントとして出すとよいでしょう。

コミュニケーションUPの声かけ

第3章 脳トレレク
84 万国旗クイズ

記憶系
準備 多

脳トレレク㉜

👤 人数：2〜10人　　🕐 時間：5〜10分　　♥ 効果：連想、記憶力、思考

85 名産地当てクイズ

各地の名産物から、県名を当てるクイズです。出身地、食べ物、旅行など、話題が広がりやすいテーマなので、参加者にさまざまなことを話してもらいましょう。

レクの前に

- 問題を5問ほど考えておきます。
  例）りんご、にんにく、いちご煮→青森県の名産

準備するもの
- ホワイトボード

進め方

1 スタッフが、ホワイトボードにある県の名産を3つほど書き出します。

164

2 どこの県かわかった人は、手を挙げて答えます。

3 途中で旅行や食べ物など、話題をふくらませても OK。
5問出し終わったら終了です。

ポイント
なかなか答えられない場合はヒントを増やしていきます。1問につき、5つほど用意しておくとよいでしょう。

「○○県出身の方は？」
出身の人がいたらぜひ話を聞いて、話題をふくらませましょう。

脳トレ レク ㉝

👤人数：2〜10人　🕐時間：5〜10分　❤️効果：記憶力、思考

86 都道府県 1番当てクイズ

「○○日本一」の県を当てるクイズです。その県出身の人がいたら話を聞くなど、話題を広げれば、参加者同士が知り合うきっかけにもなります。

レクの前に

- 都道府県に関する問題と、4択の答えを10〜15問ほど考えておきます。
  例）○○が一番食べられている県、○○の生産量が多い県、日本一長寿の人が多い県

進め方

1. スタッフから問題を出し、答えをホワイトボードに4択で示します。

▶ 4択の文字は参加者がわかるように大きく書きましょう。

❷ 参加者は、正解だと思う答えに手を挙げます。

❸ 最後に答えを発表します。
その県に関する話題を広げてもよいでしょう。

ポイント
「Aだと思う方」「Bだと思う方」などと、4択の答えに手を挙げてもらいましょう。

コミュニケーションUPの声かけ
「当たった方は素晴らしいですね！」
難しい問題に答えられたら、賞賛を送りましょう。

脳トレ レク ㉞

人数：2〜10人　時間：15分　効果：記憶力、回想

87 ハイ&ローゲーム

さまざまなものに対して「どちらが高いか」を答えてもらうクイズです。ユニークな問題も混ぜておき、話題をふくらませましょう。

レクの前に

- 高さ、大きさなどに関する2択クイズの問題を準備しておきます。
  例）東京タワーとスカイツリーはどちらが高いか、1ドルと1円はどちらが高いか

進め方

スタッフが「どちらが高いか」「どちらが大きいか」などと出題するクイズに、どちらが正解か答えます。

スカイツリーと東京タワー、どちらが高いでしょう？

記憶系　準備無

ポイント
スタッフの身長など、内輪ネタの問題を混ぜておくと盛り上がります。

コミュニケーションUPの声かけ
「何メートルかわかりますか？」
2択に答えてもらったら、さらに質問して話題をふくらませましょう。

脳トレレク㉟

88 時代発見ゲーム

人数：2〜10人　時間：5〜10分　効果：記憶力、回想

写真を使った間違い探し。昔を思い出すきっかけにもなります。違いがわかりにくくなるように、クイズ画像はなるべくていねいに作りましょう。

レクの前に

- 昔の写真に現代のもの、あるいは現代の写真に昔のものがまぎれているなどのクイズ画像を5〜6枚準備しておきます（パワーポイントなどで作成）。

　例）現代の風景に黒電話、昭和初期の写真にスカイツリー

準備するもの
- A3サイズのクイズ画像

進め方

クイズ画像をよく見て、時代に合わないものをそこから探し出します。

あれ、なんか変じゃないかしら？

▶答えが出たら、思い出を話してもらうとよいでしょう。

ポイント
写真はインターネットで探すとよいでしょう。時代がはっきりわかるものを選びます。

コミュニケーションUPの声かけ
「間違いはどれでしょう？」
じっくりと見て、間違いを探してもらいましょう。

第3章 脳トレレク

㊆ ハイ&ローゲーム／㊇ 時代発見ゲーム

記憶系　準備 多

脳トレ レク ㊱

89 みんなでつくろう日本地図！

人数：2〜10人　時間：30分　効果：記憶力、図形認識

日本地図を大きなジグソーパズルに。都道府県型のピースを当てはめ、日本地図を完成させましょう。

レクの前に

- ホワイトボードに日本地図のコピーを貼っておきます。
- 参加者のなかで順番を決めておきます。

準備するもの
- 日本地図の形のパズル
- 日本地図のコピー

日本地図パズルの準備

日本地図のコピー／都道府県の形に切り抜く

進め方

日本地図の形のなかに、都道府県のパズルピースを当てはめていきます。完成したら県名も書きましょう。

これは北海道ね！

ポイント
パズルピースは大きくつくります。たとえば北海道がA4サイズぐらいが目安です。

コミュニケーションUPの声かけ

「とんでもないところに○○県が！」
間違ったときも、ユーモアをまじえて指摘してあげましょう。

記憶系 / 準備 多

第4章

音楽レク
（音楽を使うレクリエーション）

音楽には心や体、頭をリラックスさせたり、気持ちを盛り上げたりする効果があります。ここでは、音楽を聴いて昔のことを思い出してみたり、曲にのせて体を動かしてみたりして、楽しんで行えるレクを紹介します。歌うことで心肺機能を高めたり、言語訓練にもなります。

音楽レク❶

90 イントロ DE 曲当てクイズ

👤 人数：2〜10人　🕐 時間：30分　❤ 効果：想起、発声

イントロだけ聞いて、曲を当てるクイズです。クイズに答えてもらったあとは、みんなで歌ってもよいでしょう。

レクの前に

- 利用者がよく知っているような歌謡曲をいくつか考えておきます。

準備するもの
- 音楽プレイヤー　・CD など

進め方

1 スタッフは曲を冒頭部分だけ流し、「何の曲でしょう？」と質問します。

これは何のイントロでしょう？

聴いたことあるぞ

172

2 わかった人から手を挙げて答えます。

3 正解が出たら、みんなで歌ってみましょう。

▶ スタッフは事前に歌詞カードを用意しておくとよいでしょう。

ポイント
曲名だけでなく、歌手名などもわかれば答えてもらいましょう。

「○○さんの十八番ですよ！」
参加者のカラオケの定番も選曲しておきましょう。

コミュニケーションUPの声かけ

音楽レク ②

91 ゴムチューブ体操

人数：1〜10人　時間：5〜10分　効果：リズム感、腕・足の運動

ストレッチ用品の「ゴムチューブ」を用いた体操ですが、タオルでも行えます。音楽にのって、全身を気持ちよく動かしてもらいましょう。

レクの前に

- 童謡や歌謡曲など、体が動かしやすいテンポの曲を選んでおきます。
  例）『もしもし亀よ』、『上を向いて歩こう』
- 事前に以下の動きのなかから4種類を決めておきます。

準備するもの
- ゴムチューブあるいはタオル

 横に両腕を開く
 右腕を開く
 左腕を開く
 ひざを広げる
 右足を上げる
 左足を上げる

進め方

1 スタッフが参加者の前でお手本を見せながら、音楽にのせて体を動かしていきます。

2 2曲ほど行ったら終了します。

上を向いて〜

歩こ〜う

涙が〜

こぼれないように〜

▶ 2曲目は少しテンポを上げてもよいでしょう。

注意！
同じ部分を動かす運動を連続して行うと疲れてしまうので、腕→足など交互に行います。

コミュニケーションUPの声かけ

「疲れたら休んでくださいね」
無理をしないよう、気軽に休める雰囲気を作りましょう。

音楽レク ③

92 もしカメ体操

 人数：1〜10人　時間：5分　効果：手先の運動

歌に合わせ、親指と小指を動かします。最初は思うように動かないかもしれませんが、動かそうと意識するだけでも脳が刺激され、認知症の予防になります。

レクの前に
- 事前に動作の説明をしておきます。

進め方

1 歌いながら、親指と小指を出したり引っ込めたりします。

もし

もし

亀よ

亀

さん

よ

2 慣れたら、右と左で逆の動きを行います。

もし

もし

亀よ

亀

さん

よ

3 繰り返し3回程行ったら、手の疲れを確認して終了します。

ポイント
最初はゆっくりから始め、徐々にテンポアップしていきましょう。

コミュニケーションUPの声かけ

「難しいですが、頭の体操になりますよ」
体操の効果を伝え、やる気を引き立てましょう。

第4章 音楽レク
92 もしカメ体操

中人数向け
準備 無

177

音楽レク ④

93 あんたがたどこさ体操

人数：2～10人　時間：5分　効果：発声、リズム、手の運動

懐かしい手まり歌を歌いながら、リズムに合わせて手を叩きます。子どもの頃の記憶が歌とともによみがえる人も多いでしょう。

レクの前に

- ホワイトボードに『あんたがたどこさ』の歌詞を書き、「さ」を○で囲んで示しておきます。
- 参加者は円になって座ります。
- 事前に動作と歌の練習をしておきます。

準備するもの
- ホワイトボード

進め方

1 歌いながら、「さ」のタイミングで手を叩きます。

▶手がうまく叩けない参加者には、歌だけ参加してもらってもよいでしょう。

❷ 慣れてきたらテンポアップしていきます。

▶円になって座り、お互い顔を見合わせながら行うとより楽しめます。

❸ 最後は全員で深呼吸をして終了します。

ポイント
円になって座ってもらうことで、参加者の一体感が生まれます。

コミュニケーションUPの声かけ
「"さ"で叩いてくださいね！」
最初にルールをよく説明しておきましょう。

音楽レク ❺

94 数え歌体操

人数：1〜10人　時間：5分　効果：指の運動

数え歌に合わせて、指を開いたり折ったりします。指を思い通りにコントロールする訓練になり、同時に脳が刺激されます。

レクの前に
- 指の動かし方を事前に説明しておきます。

進め方

1 歌いながら、握った状態から指を立てていきます。

1・2の3の

2の4の5〜

3・1・2の4の

2の4の5〜

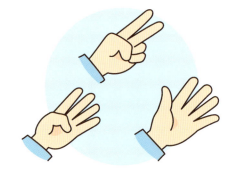

❷ 次は開いた状態から、指を折っていきます。

1・2の3の

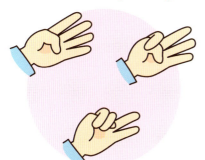

2の4の5〜

3・1・2の4の

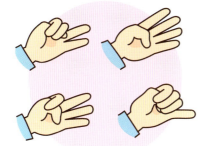

2の4の5〜

❸ テンポを変えて、指を立てていく方、折っていく方を3回ずつ行ったら終了します。

ポイント
慣れてきたらテンポアップして行いましょう。

コミュニケーションUPの声かけ

「5だけでも合わせれば、できているようにみえますよ」

難しければ、5だけ合わせてもらえばOKです。

音楽レク❻

人数：1チーム2〜5人×2チーム
時間：5分
効果：発声、腕の運動

95 歌合戦体操

歌、体操と２つのことを、つられないように行います。向かい合わせで座ると、よりつられやすくなって難易度がアップします。

レクの前に

- 歌に合わせて行う動作を考えておきます。
  例）両腕を開く×２回、両腕を上げる×２回、片足を上げる×２回、肩をさわる×２回

進め方

二手に分かれ、『かえるの歌』を輪唱しながら体を動かします。

中人数向け

準備無

ポイント
動きが多いと難しくなるので、動作は２種類程度にしましょう。

コミュニケーションUPの声かけ
「大成功です！」
つられないようにできたら、成功を喜び合って締めくくりましょう。

第5章

手芸＆料理レク
（ものづくりレクリエーション）

手先を集中して動かすことも脳の活性化につながります。ここでは、「手芸」「料理」のレクを紹介します。裁縫や料理が得意な利用者から教えてもらいながら進めるとよいでしょう。季節に合わせた飾りや料理をつくることで四季を感じることもできます。

手芸&料理レク ①

96 ポケットティッシュケース

人数：1〜10人　**時間**：40分　**効果**：指先の運動、集中力、回想

準備するもの
- 和柄の布（横19cm×縦15cm）
- 糸
- 縫い針
- バイアステープ
- アイロン
- 赤鉛筆

作り方

1 布の両端を1cmずつ折り返し、アイロンをかけます。

2 縫う箇所に赤鉛筆で薄く線を引きます。

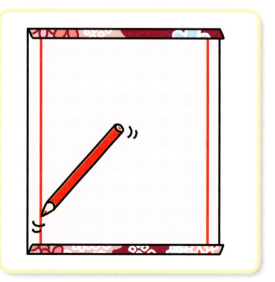

❸ 布を折り返します。

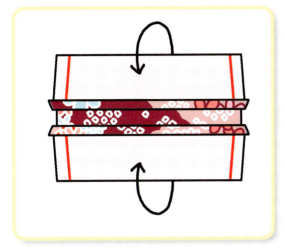

❹ アイロンをかけた部分をバイアステープで包んで縫い合わせます。

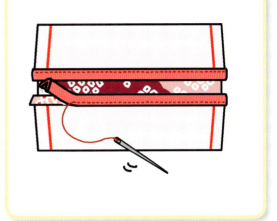

❺ 赤鉛筆で薄く塗った部分を縫っていきます。

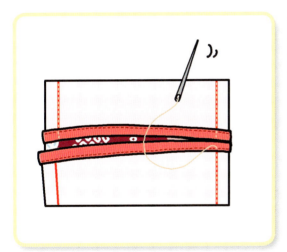

❻ 生地を裏返したら完成です。

ポイント
針を使うので、指にささらないようにスタッフはしっかり見ておきましょう。また裁縫をすることで、昔の感覚を思い出し、脳が活性化されます。

コミュニケーションUPの声かけ
きれいな縫い方ですね！
女性の参加者は裁縫が得意な方もいます。教えてもらいながら進めるとやりがいを持って、レクに参加してくれるでしょう。

第5章 手芸&料理レク

96 ポケットティッシュケース

中人数向け
準備 多

手芸&料理レク ②

人数：1〜10人　時間：40分　効果：指先の運動、集中力

97 壁掛け（お月見）

準備するもの
- ダンボール（直径14cmの円状）
- 布（横18cm×縦18cm）
- フェルト（各種）
- 綿　　・ひも
- 麻ひも　・ビーズ
- ボンド　・はさみ

※見本を用意しておく

作り方

❶ 円状のダンボールに布を巻きつけ、ボンドで貼りつけます（上部に結び目を作ったひもを入れて一緒に貼りつけておきます）。

❷ フェルトをうさぎの形、月、草、三方の形に切ります（フェルトの裏側に鉛筆で薄く形を書いておきます）。うさぎの目はビーズを使用します。

❸ 見本を参考にして、様々な形に切ったフェルトをボンドで張り付けていきます。

❹ 三方の上に綿で作ったポンポンを張り付けます。

❺ 麻ひもの先端部分をほどいてすすきを作り、貼りつけたら完成です。

中人数向け
準備多

ポイント
参加者がはさみを使うときは、けがをしないようにスタッフがしっかり見ておきましょう。また、うまくはさみが使えない場合は、フォローしましょう。

手芸&料理レク ❸

人数：1～10人　時間：30分　効果：指先の運動、集中力

98 ちぎり絵（羽子板）

準備するもの
- 画用紙（色紙）　※台紙用
- 型紙（厚紙）　※羽子板用
- 折り紙　※ちぎり絵用
- ひも
- はさみ
- のり
- 穴あけパンチ

※見本を用意しておく

作り方

❶台紙用に横15cm×縦21cmの画用紙を用意します。
❷羽子板の形に型紙を切ります。
❸切り終わったら、❶の台紙の中心にのりで貼りつけます。
❹折り紙を竹、花、松、羽子板の形にちぎっていきます（折り紙の裏側に鉛筆で薄く形を描いておきます）。
❺ちぎったら、見本を参考にして、❸に張り付けていきます。
❻上部に穴あけパンチで穴をあけてひもを通し、結んだら完成です。

ポイント
うまくちぎれない参加者もいます。なるべく本人にやってもらえるよう、細かい部分はスタッフが手伝ったり、サポートしたりしましょう。

第5章 手芸&料理レク
97 壁掛け（お月見）／98 ちぎり絵（羽子板）

中人数向け
準備 多

187

手芸&料理レク ④

99 簡単ちらし寿司

人数：5〜6人×6チーム　時間：40分　効果：指先の運動、集中力、回想

準備する食材

食材（5〜6人分）
- ご飯：300g〜450g
- ちらし寿司のもと：1パック
- 卵：人数分×1個
- 冷凍ムキエビ：人数分×2個
- 絹さや：人数分
- 海苔：適量

作り方

❶ 事前に炊いておいたご飯をボウルに入れ、ちらし寿司のもとを加えて混ぜ合わせます。混ぜ終わったら、うちわであおいで冷ましておきます。

❷ 絹さやの筋をとり洗う。手鍋にお湯を沸かして1分間ゆでます。ゆで終わったら、斜め切りで半分にカットします。

❸ やや厚めに卵を焼き、錦糸卵、花びらの形に型抜きした卵を作ります。

❹ ❷のお湯を使い、冷凍ムキエビをゆでます。ゆで終わったら冷水で冷やしておきます。

❺ ❶のご飯をお皿に盛りつけ、具材を彩りよく飾り付けて完成です。

大人数向け
準備多

ポイント

料理が得意な参加者がいる場合、「ちらし寿司のもと」ではなく、「すし酢」をつくるところからやってもよいでしょう。また、事前に役割分担をしておくとスムーズにできあがります。

手芸&料理レク ⑤

人数：5人×6チーム　時間：40分　効果：指先の運動、集中力、回想

100 くず饅頭

準備する食材

食材（5人分：1人3個）
- くず粉：100g
- 砂糖：70g
- 水：400cc
- あんこ（既製品）：300g

作り方

1. くず粉に砂糖、水を加えよく混ぜます。
2. ①のくずを火にかけ、木べらでまんべんなく焦がさないように混ぜながら、もったりと半透明になるまで練ります（でんぷんのりくらいの固さ）。
3. ラップを適当な大きさに切って、②のくずを大さじ1杯のせます。真ん中をくぼませ、あんこを小さじ1杯のせて包み、ラップを輪ゴムでしばります。
4. 小鍋にお湯を沸かして、③をラップごと入れて7〜8分ゆでます。透明になったら氷水の入ったボウルに入れて冷まします。
5. ラップを外して、お皿に盛りつけて完成です。

ポイント　あんこがはみ出ないようにしっかり包むことが重要。手先に力の入らない参加者はスタッフが代わりに包んであげましょう。

189

年中行事と季節の料理

季節折々の伝統行事などの際に食べる「行事食」があるように、年中行事と料理は深い関係があります。ここでは、主な年中行事と季節の食材や料理を紹介しています。「料理レク」の際はもちろん、年中行事は「手芸レク」にも参考になります。

月	行事	料理
1月	正月（1日～7日）	おせち料理、雑煮、お屠蘇
	人日の節句（7日）	七草粥
	鏡開き（11日）	おしるこ
	小正月（15日）	小豆粥
2月	節分（3日）	福豆、恵方巻き、鰯
	初午（10日頃）	いなり寿司
3月	桃の節句（3日）	ちらし寿司、蛤のお吸い物、白酒、ひなあられ
	彼岸（20日前後）	ぼた餅
4月	花見	花見団子
5月	端午の節句（5日）	柏餅、ちまき
6月	夏至（22日）	タコ（関西地方）
7月	七夕（7日）	そうめん
	土用の丑の日（24日頃）	うなぎ、しじみ汁
8月	お盆（15日）	精進料理、白玉団子、そうめん
9月	重陽の節句（9日）	菊酒、栗ご飯
	十五夜	月見団子、里芋
	彼岸（20日前後）	おはぎ
10月	十三夜	月見団子、栗ご飯、豆
11月	七五三（15日）	千歳飴
	十日夜	十六団子
12月	冬至（22日頃）	かぼちゃ
	大晦日（31日）	年越しそば

都道府県の郷土料理

「料理レク」で郷土料理をつくるときは、出身地の参加者に講師役になってもらうと盛り上がります。ここでは都道府県ごとの主な郷土料理を掲載しましたので、参考にして作ってみましょう。

北海道	石狩鍋	石川	治部煮	岡山	祭りずし
青森	けの汁	福井	いも赤飯	広島	牡蠣めし
岩手	ひっつみ	山梨	ほうとう	山口	うの花きずし
宮城	ずんだ餅	長野	おやき	徳島	そば米雑炊
秋田	きりたんぽ鍋	岐阜	朴葉ずし	香川	あん餅雑煮
山形	いも煮	静岡	煎茶ずし	愛媛	鯛めん
福島	煮しめ	愛知	五平餅	高知	かつおのたたき
茨城	あんこうのどぶ汁	三重	ふき俵	福岡	がめ煮
栃木	しもつかれ	滋賀	ふなずし	佐賀	のっぺ汁
群馬	けんちん汁	京都	丹後ずし	長崎	チャンポン
埼玉	ねぎぬた	大阪	ふなの甘露煮	熊本	高菜めし
千葉	なめろう	兵庫	粕汁	大分	団子汁
東京	深川めし	奈良	柿の葉ずし	宮崎	冷や汁
神奈川	小豆ごはん	和歌山	めはりずし	鹿児島	鶏飯
新潟	のっぺ	鳥取	いただき	沖縄	ゴーヤーチャンプル
富山	かぶらずし	島根	箱ずし		

▶参考：一般財団法人 日本食生活協会 HP

【監修】

加藤　翼（かとう・つばさ）

社会福祉法人江寿会アゼリー江戸川デイサービスに、平成22年4月に入職。平成25年10月同会アゼリーアネックスデイサービスに生活相談員として勤務。平成27年から同会アゼリー江戸川ショートステイに生活相談員、主任として勤務。平成29年9月に同会を退職。介護支援専門員、介護福祉士、認知症対応型サービス事業管理者、介護プロフェッショナルキャリア段位制度評価者（アセッサー）。

アゼリーグループ社会福祉法人江寿会（こうじゅかい）

東京都江戸川区を中心に3つの福祉施設と2つの保育園を運営。地域密着型福祉事業を展開するアゼリーグループ。特別養護老人ホーム「アゼリー江戸川」、ケアハウス「アゼリーアネックス」、リハビリ特化型通所介護施設「アゼリーリハビリ倶楽部」、認可保育園「アゼリー保育園」、事業所内保育園「アゼリーアネックス保育園」を運営。0～100歳まで3世代にわたる生涯ケアを目指し、3世代交流や地域交流など、地域社会のなかでお互いに寄り添う共生社会を実践している。

執筆協力：圓岡志麻
本文デザイン：株式会社エディポック
本文イラスト：わたなべ ふみ、寺崎 愛、パント大吉、SMILES FACTORY
撮影：今野完治
編集協力：株式会社エディポック
編集担当：原　智宏（ナツメ出版企画株式会社）

ナツメ社Webサイト
https://www.natsume.co.jp
書籍の最新情報（正誤情報を含む）は
ナツメ社Webサイトをご覧ください。

本書に関するお問い合わせは、書名・発行日・該当ページを明記の上、下記のいずれかの方法にてお送りください。電話でのお問い合わせはお受けしておりません。
・ナツメ社webサイトの問い合わせフォーム
　https://www.natsume.co.jp/contact
・FAX（03-3291-1305）
・郵送（下記、ナツメ出版企画株式会社宛て）
なお、回答までに日にちをいただく場合があります。正誤のお問い合わせ以外の書籍内容に関する解説・個別の相談は行っておりません。あらかじめご了承ください。

お年寄りとコミュニケーションが深まる！
楽しく盛り上がるレクリエーション100

2016年 4 月 1 日　初版発行
2025年 2 月 1 日　第16刷発行

監修者　　加藤　翼　　　　　　　　　　　　　　Kato Tsubasa, 2016
発行者　　田村正隆

発行所　　株式会社ナツメ社
　　　　　東京都千代田区神田神保町1-52　ナツメ社ビル1F（〒101-0051）
　　　　　電話　03（3291）1257（代表）　　FAX　03（3291）5761
　　　　　振替　00130-1-58661
制　作　　ナツメ出版企画株式会社
　　　　　東京都千代田区神田神保町1-52　ナツメ社ビル3F（〒101-0051）
　　　　　電話　03（3295）3921（代表）
印刷所　　TOPPANクロレ株式会社

ISBN 978-4-8163-6008-4　　　　　　　　　　　　　　Printed in Japan
〈定価はカバーに表示してあります〉〈乱丁・落丁本はお取り替えします〉

本書の一部または全部を著作権法で定められている範囲を超え、ナツメ出版企画株式会社に無断で複写、複製、転載、データファイル化することを禁じます。